Michael Schredl

Traum

Ernst Reinhardt Verlag München Basel

Dr. Michael Schredl, PD, Universität Mannheim, wiss. Leiter der Abt. Schlafforschung des Zentralinstituts für seelische Gesundheit.

Lektorat / Redaktion im Auftrag des Ernst Reinhardt Verlages:
Ulrike Auras, München

Bibliografische Information der Deutschen Nationalbibliothek

Die Deutsche Nationalbibliothek verzeichnet diese Publikation in der Deutschen Nationalbibliografie; detaillierte bibliografische Daten sind im Internet über <http://dnb.d-nb.de> abrufbar.

UTB-ISBN 978-3-8252-3005-0
ISBN 978-3-497-01967-0

Reihenkonzept und Umschlagentwurf: Alexandra Brand
Umschlagumsetzung: Atelier Reichert, Stuttgart
Satz: Arnold & Domnick, Verlagsproduktion, Leipzig
Druck: Friedrich Pustet, Regensburg
Printed in Germany
ISBN 978-3-8252-3005-0 (UTB-Bestellnummer)

Ernst Reinhardt Verlag, Kemnatenstr. 46, D-80639 München
Net: www.reinhardt-verlag.de E-Mail: info@reinhardt-verlag.de

Inhalt

Einleitung

Die Menschen haben sehr früh begonnen, sich mit Träumen zu beschäftigen; das zeigen Traumberichte in der Bibel oder die Traumbücher der alten Griechen. Für den wissenschaftlichen Zugang waren zwei Meilensteine in der Geschichte von Bedeutung: Zum einen war dies die Traumdeutung von Sigmund Freud, dem Begründer der Psychoanalyse, die 1899 (vordatiert auf 1900) erschienen ist. Freud stellte eine Methode vor, Träume in der Psychotherapie sinnvoll zu nutzen. Der zweite Meilenstein war die Entdeckung des ↑ REM-Schlafes (Aserinsky / Kleitman 1953). Die Erforschung des Schlafes und somit auch die des Traumes sind bis heute Gebiete, die sich stark weiterentwickeln.

Neben diesen zwei Strömungen, der Psychoanalyse und dem neurophysiologischen Zugang, hat sich eine dritte Kraft herausgebildet, die psychologische Traumforschung. Einer der Väter dieser Richtung ist Calvin S. Hall, der Ende der 1940er Jahre begonnen hatte, viele Personen nach Traumberichten zu fragen und diese systematisch zu analysieren (Hall / Van de Castle 1966). Durch die Entwicklung der Trauminhaltsanalyse gelang es diesen Pionieren, der Traumforschung zu wissenschaftlicher Anerkennung zu verhelfen.

Das vorliegende Buch gibt einen Einblick in die Ergebnisse der psychologischen Traumforschung. Hier wird der Traum als Rückerinnerung an das Träumen und als subjektives ganzheitliches Erleben aufgefasst, das es zu ergründen gilt. Nach der Diskussion der Traumerinnerung, die sozusagen die Grundvoraussetzung für die Traumforschung und die Anwendung der Träume ist, werden die Werkzeuge der Traumforschung vorgestellt, vor allem die bereits erwähnte Trauminhaltsanalyse. Schließlich werden die wichtigsten Befunde der Traumforschung dargelegt: Was erleben wir beim Träumen? Wie beeinflusst das Wachleben die nachfolgenden Träume? Träumen Männer anders als Frauen? Wie wirken sich Reize, die während des Schlafes auf die Person einwirken, auf die Träume aus? Wie hängen die körperlichen Prozesse, z. B. die Gehirnaktivität oder die Augenbewegungen, mit dem Trauminhalt zusammen? Zwei Kapitel sind besonderen Traumarten gewidmet: Die Alpträume werden thematisiert, weil es eine beträchtliche Anzahl von Menschen gibt, die unter Alpträumen leiden. Die Forschung hat dazu vielversprechende Behandlungsansätze entwickelt. Das luzide Träumen, also Träume in dem Bewusstsein, dass man träumt, sind sowohl für den Träumer sehr spannend als auch für die Forschung, da gezielte Experimente zum Zusammenhang zwischen Physiologie und Trauminhalt durchgeführt werden können. Das letzte Kapitel beschäftigt sich mit der Frage, ob die Träume eine Funktion haben. Auch wenn es plausibel erscheint, dass Träume bei der Bearbeitung von Problemen helfen können, kreative Anregungen geben und sinnvoll in der Therapie eingesetzt werden können, muss letztendlich die Frage nach der Funktion offen bleiben. Es ist zu wünschen, dass die weitere Forschung noch viele Erkenntnisse ans Licht bringt und so das Rätsel der Träume immer mehr gelüftet wird.

Michael Schredl
Mannheim, im Januar 2008

Was ist ein Traum?

1

Der Begriff „Traum“ wird in der Umgangssprache vielfältig verwendet, z.B. in Ausdrücken wie „Traumfrau“, „Träumer“, „Traumhaus“. Für die wissenschaftliche Beschäftigung mit dem Phänomen Traum ist jedoch eine klare Definition notwendig. Auch wenn sich die Forscher über die formalen Kriterien, die einen Traum charakterisieren, nicht einig sind (Schredl 1999), so haben sich die folgenden Definitionen für die Praxis als sinnvoll erwiesen:

Definition

Träumen ist die psychische Aktivität während des Schlafes.

Definition

Der Traum oder Traumbericht ist die Erinnerung an die psychische Aktivität während des Schlafes.

Der Begriff „psychische Aktivität“ ist ein Kunstwort und soll verdeutlichen, dass das Träumen ein ganzheitliches Erleben darstellt, mit Sinneseindrücken, Gefühlen und Gedanken; d.h., dass wir uns im Traum genauso erleben, wie im Wachzustand. Dabei ist zu beachten, dass das Träumen nicht von außen messbar ist. So kann zwar die Schlafphysiologie (Gehirnströme, Augenbewegungen, Herzschlag usw.) mit modernen Aufzeichnungsgeräten erfasst und ausgewertet werden, das psychische Erleben ist jedoch nur durch Befragung zugänglich. Gerade in der Schlaf- und Traumforschung ist es wichtig, diese beiden Ebenen, Physiologie und Psychologie, auseinanderzuhalten.

Die zweite der beiden genannten Definitionen macht einen Punkt sehr deutlich: Das Träumen ist weder der träumenden Person selbst noch dem Forscher direkt zugänglich. Es sind zwei „Hürden“ zu überwinden, um den Traumbericht zu bekommen. Erstens muss die Person aufwachen (Schlaf-Wach-Übergang) und zweitens muss sie sich zurückerinnern an das, was vor dem Erwachen gewesen ist (Zeitdimension). In der

Forschung stellt sich deshalb immer die Frage, wie gut der Traumbericht tatsächlich das erlebte Geschehen abbildet (siehe dazu den Abschnitt „Trauminhaltsanalyse“ in Kapitel 3). Das Träumen bzw. die Träume lassen sich in einige typische Gruppen unterteilen (Schredl 1999).

- REM-Träume: Rückerinnerung an psychische Aktivität während des REM-Schlafes
- NREM-Träume: Rückerinnerung an psychische Aktivität während des NREM-Schlafs
- Einschlafträume: Rückerinnerung an psychische Aktivität während des NREM-Schlafstadiums 1
- Alpträume: REM-Träume mit stark unangenehmem Affekt, der zum Erwachen führt
- Pavor nocturnus: Nächtliches Aufschrecken mit Angst aus dem Tiefschlaf, evtl. Auftreten von NREM-Träumen
- posttraumatische Wiederholungen: REM- oder NREM-Träume, die eine realistische Wiederholung eines Traumas darstellen
- Luzide Träume: REM-Träume, in denen das Bewusstsein vorliegt, dass gerade geträumt wird

Bei den ersten Schlaflaborstudien (Dement / Kleitman 1957) wurden die Probanden aus dem ↑ REM-Schlaf geweckt, und die Forscher erhielten mit sehr hoher Wahrscheinlichkeit (über 80 %) einen lebhaften und bilderreichen Traum. Der REM-Schlaf zeichnet sich durch schnelle Augenbewegungen und hohe Gehirnaktivität aus und nimmt ca. 20 % des Gesamtschlafes ein (Borbely 2004). Nach dem Wecken aus dem ↑ NREM-Schlaf wurde dagegen selten ein Traum berichtet. Foulkes (1962) machte allerdings darauf aufmerksam, dass in diesem Zusammenhang die Definition von „Traum“ eine große Rolle spielt. Er fragte nicht spezifisch nach bildhaften Träumen, sondern ganz offen, was den Versuchspersonen vor dem Wecken durch den Kopf gegangen ist und erhielt Berichtsraten von über 50 %. Das Ergebnis konnte durch weitere Studien bestätigt werden (eine Übersicht findet sich bei Nielsen 2000). Auch die anfangs angenommenen Unterschiede zwischen REM-Träumen und NREM-Träumen sind wahrscheinlich nicht so stark ausgeprägt, wie man zunächst dachte. Auch wenn NREM-Träume meist kürzer, weniger intensiv und eher gedankenartig sind, sind die Übergänge fließend (Antrobus, 1991). Circa 25 % der NREM-Träume lassen sich der Form und dem Inhalt nach nicht von REM-Träumen unterscheiden.

Einschlafträume treten im NREM-Stadium 1 auf und in der Regel vergisst man sie, wenn man nicht durch ein Geräusch beim Einnicken geweckt wird. Meistens sind die Einschlafträume Fortsetzungen der Gedanken beim Einschlafen und haben manchmal einen stark bizarrem Charakter. Aber es gibt auch viele Personen, die während des Einschlafens einzelne Bilder und auch Bildabfolgen erleben, sodass auch hier ein fließender Übergang zu den REM-Träumen besteht.

Kernaussage

Die Einteilung der Träume anhand der zugrunde liegenden Schlafstadien – trotz fließender Übergänge – soll auch die heute gängige Auffassung unterstreichen, die besagt, dass während der ganzen Schlafzeit geträumt wird.

Warum die Erinnerung an die Träume sehr unterschiedlich ausfallen kann, ist Gegenstand von Kapitel 2 und 3.

Die folgenden drei Traumphänomene sind mit dem Auftreten von Angst verbunden (siehe auch Kapitel 8). Alpträume sind REM-Träume, bei denen der starke negative ↑ Affekt zum Erwachen führt. Davon werden belastende oder „schlechte" Träume unterschieden, die ebenfalls starke negative Emotionen wie Angst, Ekel oder Trauer enthalten, aber nicht direkt zum Aufwachen führen (Zadra / Donderi 2000). Beim Pavor nocturnus kommt es zum Aufschrecken mit Angst aus dem Tiefschlaf, aber die betroffene Person erwacht nicht richtig und kann sich meistens an den Vorfall gar nicht zurückerinnern. Die posttraumatischen Wiederholungen gehen auf schreckliche Erlebnisse wie sexueller Missbrauch oder Kriegserlebnisse zurück und können während des gesamten Schlafes auftreten; auch tagsüber kann es zu solchen posttraumatischen Wiederholungen kommen, dann werden sie als „Flashbacks" bezeichnet.

Die luziden Träume oder Klarträume sind Traumberichte von Träumen, in denen sich das Traum-Ich während des Träumens bewusst ist, dass es träumt. Da dieser Zustand sowohl für die Forschung als auch für die Person selbst sehr spannend ist, wird dieser Traumtyp in Kapitel 8 ausführlicher besprochen.

Auch in anderen Bewusstseinzuständen werden traumartige Vorstellungen erlebt, so zum Beispiel in Narkose oder bei Nahtod-Erlebnissen. Auch im Wachzustand kann es zu traumartigen Phänomenen kommen: Foulkes und Fleischer (1975) konnten viele Parallelen zwischen Tagträumen und REM-Träumen aufzeigen, wenn die Erhebungsbedingungen gleich waren. Das heißt, die Versuchspersonen lagen entspannt in einem abgedunkelten Raum im Bett und die Forscher führten „Weckungen" durch. Diese so erhaltenen Tagträume waren den REM-Träumen sehr ähnlich, auch wenn die meisten Tagträume als weniger wirklich erlebt werden wie die Nachtträume. Für die wissenschaftliche Traumforschung sind Tagträume keine Träume im engeren Sinne, jedoch sehr verwandte Phänomene.

Traumerinnerung

2

Trotz der Tatsache, dass wahrscheinlich während des gesamten Schlafes geträumt wird, ist die Erinnerung an das nächtliche Geschehen sehr variabel. Es gibt Personen, die fast jeden Morgen etwas berichten können, und andere behaupten, sie träumen (bzw. erinnern sich) nie.

Zunächst werden die theoretischen Ansätze vorgestellt, die die Unterschiede in der Traumerinnerung erklären sollen, im Anschluss daran die Messmethoden und die mannigfaltigen Studien auf diesem Gebiet. Schließlich erfolgt eine Bewertung des bisherigen Forschungsstandes und ein Ausblick auf die Fragen, die noch zu beantworten sind.

Erklärungsmodelle

Seit Sigmund Freud wurden immer wieder neue Erklärungsansätze hinsichtlich der Traumerinnerung formuliert.

- Verdrängungshypothese (Freud, 1900)
- Life-Style-Hypothese (Schonbar, 1965)
- Interferenz-Hypothese (Cohen / Wolfe, 1973)
- Salience-Hypothese (Cohen / MacNeilage, 1974)
- Arousal-Retrieval-Modell (Koulack / Goodenough, 1976)
- Zustands-Wechsel-Modell (Koukkou / Lehmann, 1980)

Freuds Verdrängungshypothese (Freud 1900) besagt, dass der Traum als Ganzes verdrängt (d.h. nicht erinnert wird), wenn er seine Aufgabe der „Veränderung" (Traumarbeit in der Terminologie von Freud) nicht wahrgenommen hat. Die Traumarbeit verhindert, dass unbewusste Triebimpulse ins Wachbewusstsein dringen können. Hier sei gleich angemerkt, dass bei diesem wie auch bei den anderen Ansätzen eine direkte Prüfung im Experiment nicht möglich ist, da der nicht erinnerte Traum nicht zugänglich ist. Die Frage, ob er sich tatsächlich von den erinnerten Träumen unterscheidet, muss immer unbeantwortet bleiben.

Die Life-Style-Hypothese von Schonbar (1965) besagt, dass eine gute Traumerinnerung Teil eines Lebensstils ist. Personen, die kreativ, introvertiert sind, inneren Prozessen viel Aufmerksamkeit schenken, erinnern sich auch häufiger an Träume. Dieser Ansatz erklärt allerdings kaum, *warum* diese Personen sich im Prozess des Aufwachens besser an ihre Träume erinnern sollen als andere.

Diesbezüglich ist die Interferenz-Hypothese von Cohen und Wolfe (1973) schon spezifischer. Unter Berufung auf die klassische Gedächtnistheorie wird hier postuliert, dass der Traum dann besser erinnert wird, wenn möglichst wenig Störungen zwischen dem Aufwachen und dem Berichten des Traumes liegen.

Auch die Salience-Hypothese (Cohen / MacNeilage 1974) geht auf die klassische Gedächtnistheorie zurück. Das Wort „Salience" kann mit „Bedeutung" oder „Wichtigkeit" übersetzt werden. Je salienter ein Traum, desto besser wird er erinnert. Auch hier gilt jedoch, dass die direkte Prüfung – wie es bei Gedächtnisaufgaben im Wachzustand ein Leichtes ist – nicht möglich ist. Der Ausgangspunkt (alle Träume) bleibt verborgen, nur die erinnerten Träume sind zugänglich.

Etwas komplexer ist das Arousal-Retrieval-Modell von Koulack und Goodenough (1976). Es werden zwei Schritte angenommen, die zu einer erfolgreichen Traumerinnerung führen. Zunächst muss ein gewisser Wachheitsgrad vorliegen, d. h., die Person muss während des Traums oder unmittelbar danach aufwachen, zumindest für kurze Zeit, weil der Traum sonst nicht im Gedächtnis gespeichert wird. Im zweiten Schritt wird der Traum aus dem Zwischenspeicher dann komplett erinnert, wenn er besonders wichtig war und wenig Störeinflüsse vorhanden sind. Auch die Verdrängungshypothese wurde mit aufgenommen, besonders intensive und „verdrängungswürdige" Träume werden nach diesem Denkansatz auch schlecht erinnert.

Als Grundlage des Zustands-Wechsel-Modells (Koukkou / Lehmann 1980) dient ein Modell des Gehirns bzw. Bewusstseins, das verschiedene funktionelle Zustände mit zugehörigen Gedächtnisspeichern vorsieht. Die Zustände mit hoher Aktivierung („Wach") können nur bedingt auf die Gedächtnisspeicher der niedrigeren Zustände („Schlaf") zugreifen, während es umgekehrt keine Probleme gibt. Das würde bedeuten, dass Träume aus besonders aktiviertem Schlaf besser erinnert werden.

Messmethoden der Traumerinnerungshäufigkeit

Um die empirischen Studien adäquat bewerten zu können, ist es wichtig, sich mit den Messmethoden sowie deren Vor- und Nachteilen auseinanderzusetzen. Im Wesentlichen kommen drei verschiedene Ansätze zum Zuge: Fragebogenskalen, Schlaf- bzw. Traumtagebücher, Schlaflaborweckungen.

Die Vorgabe einer Fragebogenskala eignet sich vor allem für die Untersuchung großer Stichproben. Dabei werden sehr unterschiedliche Formate angewendet. So wurde z. B. bei einer Studie die Frage gestellt, ob man sich am Morgen dieses Tages an einen Traum erinnert hat, oder in einer anderen Studie nach der Zahl der Träume in den letzten vier Wochen gefragt. Mittlerweile haben sich dabei sogenannte Rating-Skalen bewährt, die in zwei Gruppen unterteilt werden. Die Antwortkategorien auf die Frage „Konnten Sie sich in der letzten Zeit an Ihre Träume erinnern?" bestehen aus „nie", „selten", „manchmal", „oft" und „sehr oft". Beim zweiten Skalentyp sind dagegen in der Skala explizit Häufigkeiten angeben, da es durchaus nicht der Fall sein muss, dass jede Person unter „selten" oder „manchmal" dieselbe Häufigkeit versteht:

Wie häufig erinnern Sie sich in der letzten Zeit (einige Monate) an Ihre Träume?

O fast jeden Morgen
O mehrmals pro Woche
O etwa einmal pro Woche
O 2 bis 3mal im Monat
O etwa einmal im Monat
O weniger als einmal im Monat
O gar nicht

Obwohl die ↑ Korrelation zwischen diesen beiden Skalen sehr groß ist (r = .647, N = 444; Schredl et al. 2003a) zeigten die Studien doch, dass die Retest-Reliabilität (↑ Reliabilität) als Maß für die Messgenauigkeit bei den Skalen mit absoluten Kategorien (obiges Beispiel) höher ist (r = .85, N = 198, 55 Tage; Schredl 2004), während eine Skala mit relativen Kategorien nur einen Wert von r = .56 (Bernstein / Belicki 1995-96) lieferte. Das Hauptproblem bei der Anwendung solcher Skalen stellt die Fähigkeit der Probanden dar, sich retrospektive daran erinnern zu können, ob sie sich morgens nach dem Aufwachen an einen Traum erinnert haben. Die hohe Retest-Reliabilität lässt darauf schließen, dass trotzdem eine relativ genaue Schätzung möglich ist, da bei wiederholter Messung ähnliche Ergebnisse erzielt werden. Diese Befunde sprechen auch für stabile Unterschiede in der Traumerinnerung zwischen Personen.

Bei der Tagebuchtechnik wird die Versuchsperson gebeten, jeden Morgen anzugeben, ob sie sich an mindestens einen Traum der Nacht erinnern kann. Dazu werden ebenfalls zwei verschiedene Formate verwendet: Zum einen sind das Checklisten, in die nur eingetragen werden muss, ob ein oder mehrere Träume erinnert wurden. Bei der anderen Technik wird die Person gebeten, den Trauminhalt aufzuschreiben. Der zweite Ansatz erhöht den Aufwand für die Versuchspersonen, vor allem für die Vielträumer, erheblich, sodass es nicht verwunderlich ist, wenn die Traumerinnerung nach einer Woche Tagebuchführen schon etwas absinkt, ein Befund, der sich bei dem Führen von Checklisten nicht zeigt (Schredl / Fulda 2005a). Obwohl die Korrelation zwischen Tagebuchmaß und Fragebogenskala mittelhoch ist ($r = .562$, $N = 444$, Schredl et al. 2003a), zeigen sehr viele Studien, dass – vor allem bei Personen mit niedriger Traumerinnerung zu Beginn der Studie – die Traumerinnerung durch die bewusste Aufmerksamkeitslenkung drastisch zunehmen kann (Schredl 2002). Durch die Tagebuchtechnik wird also zwar der Fehler, der durch Rückerinnerung entsteht, minimiert, aber durch die Lenkung der Aufmerksamkeit auf das Träumen die Traumerinnerung erhöht.

Ganz besonders deutlich wird dies bei Traumweckungen im Schlaflabor. Bei gezielten Weckungen aus dem ↑ REM-Schlaf liegt die Berichtsrate bei über 80 % (Nielsen 2000), sodass bei vier oder fünf Weckungen pro Nacht sehr viel Material zusammenkommt. Trotz dieser dramatischen Steigerung durch Schlaflaborweckungen ist es so, dass Personen, die zu Hause wenig Träume berichten, auch im Labor weniger erinnern als die Hocherinnerer (46 % vs. 93 %; Goodenough et al. 1959).

Zusammenfassend lässt sich sagen, dass die Zusammenhänge zwischen den unterschiedlichen Erhebungsmethoden hinsichtlich der Traumerinnerung, zufrieden stellend sind und sich die Ergebnisse verschiedener Studien miteinander vergleichen lassen.

Einflussfaktoren

Es wurden sehr viele Studien durchgeführt, die untersucht haben, mit welchen Faktoren die Traumerinnerung zusammenhängt. Um die Darstellung etwas zu vereinfachen, wurden die Faktoren in zwei Gruppen eingeteilt: State-Faktoren und Trait-Faktoren.

Definition

State-Faktoren sind kurzfristig wirksame Einflüsse, wie z.B. Stress am Vortag oder nächtliches Erwachen, die vor allem für die Schwankungen der Traumerinnerung bei einer Person verantwortlich sein können, während Trait-Faktoren über die Zeit stabiler sind und Unterschiede zwischen verschiedenen Personen erklären können.

Die wichtigsten Trait-Faktoren sind:

- Soziodemographische Variablen (Geschlecht, Alter, sozioökonomischer Status)
- Genetische Faktoren
- Persönlichkeitsfaktoren (Verdrängung, Neurotizismus, Ängstlichkeit, Introversion, Hypnotisierbarkeit, Absorption, „dünne" Grenzen)
- Kognitive Faktoren (Intelligenz, Gedächtnis, Phantasie, Kreativität)
- Schlafverhalten
- Einstellung zu Träumen

Eine eigene Metaanalyse, die über 150 Studien von 1889 bis heute einschließt und aktuell in Arbeit ist, zeigt, dass sich Frauen im Schnitt häufiger an ihre Träume erinnern als Männer. Beim Alter zeigen Querschnittsstudien eine Abnahme der Traumerinnerung mit dem Alter, beginnend mit dem 30. Lebensjahr (z.B. Giambra / Jung / Grodsky 1996). Echte Längsschnittstudien, die Personen über 10 oder 20 Jahre verfolgen, wurden zu diesem Thema jedoch noch nicht durchgeführt. Der Literaturüberblick von Schredl und Montasser (1996–97) erbrachte folgendes Ergebnisse hinsichtlich des sozioökonomischen Status: Es liegen zwei Studien vor, die zeigten, dass Personen aus höheren Schichten eine höhere Traumerinnerung aufweisen.

Ein genetischer Einfluss für die Traumerinnerung konnte in zwei Zwillingsstudien nicht nachgewiesen werden. Am häufigsten wurde der Zusammenhang zwischen der ↑ Persönlichkeitsdimension „Verdrängung" und der Traumerinnerung untersucht. Das Bild ist jedoch uneinheitlich, die groß angelegten Studien zeigten keinen signifikanten Effekt. Auch für die Dimensionen „Neurotizismus", „Ängstlichkeit" und „Introversion" waren keine eindeutig positiven Zusammenhänge zu berichten. Vielversprechender waren Eigenschaften, die mit der Dimension „Offenheit für Erfahrungen" in Verbindung stehen, wie zum Beispiel „Absorption" und „Dünne Grenzen". Allerdings konnte eine kürzlich durchgeführte Studie (Schredl et al. 2003a) zwar Zusammenhänge nachweisen, diese waren jedoch sehr klein: Varianzaufklärung (↑ Varianz je Faktor unter 5 %).

Die allgemeine Intelligenz zeigte keinen Einfluss auf die Fähigkeit, sich an Träume zu erinnern. Bei älteren Menschen war – wegen der bildhaften Qualität der Träume wie erwartet – das visuelle Gedächtnis von Bedeutung, nicht jedoch bei jungen Erwachsen. Dies führte zu der Vorstellung, dass kognitive Faktoren nur dann wirksam werden, wenn sie einen bestimmten Grenzwert unterschreiten. Diese Annahme wird auch gestützt durch die Befunde, dass Patienten mit einer demenziellen Erkrankung sich seltener an Träume erinnern (Kramer et al. 1975). Viele Studien belegen, dass kreative Personen mit viel Phantasie und Tagträumen sich auch besser an ihre Nachtträume erinnern können (z. B. Schredl 1995b). Allerdings war der Zusammenhang in der Untersuchung von Schredl et al. (2003a) zwar statistisch bedeutsam, aber sehr schwach ausgeprägt.

Eine schlechte Schlafqualität und das damit verbundene häufigere Erwachen in der Nacht gehen mit einer erhöhten Traumerinnerung einher. Das klingt plausibel, da die Chance, sich an einen Traum zu erinnern, zunimmt, wenn man häufiger erwacht. Die gewohnheitsmäßige Schlafdauer scheint nur einen sehr schwachen Einfluss auf die Traumerinnerung zu haben.

Die positive Einstellung zu Träumen zeigte in vielen Studien einen deutlichen Zusammenhang mit der Traumerinnerung (Hill et al. 1997). Schredl et al. (2003a) konnten jedoch nachweisen, dass dem vor allem ein methodisches Problem der verwendeten Skalen zur Messung der Einstellung zu Träumen zugrunde lag. Viele Skalen erfassten z. B. die Häufigkeit, mit der über Träume nachgedacht wurde. Es liegt auf der Hand, dass das entsprechende Ergebnis stark mit der Traumerinnerungshäufigkeit korreliert. Verwendet man jedoch Aussagen wie „Ich finde es gut, sich mit Träumen zu beschäftigen", so sind die Korrelationen zur Traumerinnerungshäufigkeit viel schwächer ausgeprägt.

Die wichtigsten State-Faktoren sind:

- Vortag, Stress
- Therapie
- Schlafdauer / nächtliches Erwachen
- Aktiviertheit im Schlaf
- Störungen im Aufwachprozess
- Psychische Erkrankungen
- Ausfälle im bestimmten Gehirnarealen

Stress führt hinsichtlich des Geschlechts zu unterschiedlichen Ergebnissen: Zunahme der Traumerinnerung bei Frauen und eine Abnahme der Traumerinnerung bei Männern (Armitage 1992). Wenn die Personen selbst nach Erklärungen für Phasen mit gesteigerter Traumerinnerung gefragt werden, sind Stress und belastende Lebensereignisse die Hauptgründe (sowohl für Männer als auch für Frauen).

Patienten, die sich einer Psychotherapie unterziehen, vor allem einer psychoanalytisch orientierten, berichten über eine deutliche Zunahme der Traumerinnerung (Schredl et al. 2000). Selbst die Teilnahme an einer Traumstudie führt zu einer verbesserten Traumerinnerung (Redfering / Keller 1974b).

In vielen Studien zeigte sich kein Einfluss der gewohnheitsmäßigen Schlafdauer auf die Traumerinnerung, aber Schwankungen der Schlafdauer bei einer Person verändern auch die Chance, sich an einen Traum zu erinnern; eine Stunde länger schlafen erhöhte die Chance an eine Traumerinnerung um 20 % (Schredl / Fulda 2005b). Auch das nächtliche Erwachen wirkte sich fördernd auf die Traumerinnerung aus.

Während in der ursprünglichen Laborstudie von Cohen und Wolfe (1973) Störeinflüsse einen negativen Effekt auf die Traumerinnerung hatten (die Versuchspersonen mussten den Wetterdienst anrufen), zeigte sich bei der Tagebuchstudie von Schredl (1995a) kein Effekt von Störungen auf die Traumerinnerung im normalen Alltag.

Die Studien, in denen die physiologische Aktiviertheit (gemessen mittels ↑ EEG-Maßen oder autonomen Parametern wie Herzschlag etc.) mit der Traumerinnerung in Verbindung gesetzt wurde, lieferten keinen eindeutigen Beleg für einen Zusammenhang (Schredl 1999). Einen deutlichen Einfluss auf die Traumerinnerung hat jedoch das Vorliegen einer Depression; die betreffenden Patienten erinnern sich seltener an Träume als Gesunde (Schredl 1995c). Bei anderen Erkrankungen wie

Angst- oder Essstörungen zeichneten sich kaum Unterschiede ab (Schredl / Engelhardt 2001).

Aufschlussreich waren die Untersuchungen an Patienten mit Hirnverletzungen. Vor allem bei Schädigungen von Hirnarealen, die mit der visuellen Vorstellungskraft zu tun haben, kam es subjektiv zu einem Traumverlust, d. h., die Patienten konnten keine Träume mehr erinnern (Solms 1997).

Bewertung und Ausblick

Angesichts der Fülle der Befunde ist eine Bewertung der Theorien nicht einfach. Eine groß angelegte Studie (Schredl et al. 2003a) hat den gleichzeitigen Einfluss von mehreren Faktoren untersucht. Insgesamt haben Schlafverhalten (Häufigkeit des nächtlichen Erwachens), Kreativität, Persönlichkeit (Offenheit für Erfahrungen) und die Einstellung zu Träumen nur 8,5 % der Gesamtvarianz der Traumerinnerung erklärt. Das bedeutet, dass über 90 % der Unterschiede unerklärt blieben. Dazu kommt der Befund, dass schon einfache Ermunterungen die Traumerinnerung dramatisch steigern können (Halliday 1992), sodass stabile Faktoren nicht viel Erklärung bieten.

Insgesamt sprechen die Befunde für das Arousal-Retrieval-Modell von Koulack und Goodenough (1976). So spielt das nächtliche Erwachen in vielen Studien eine Rolle. Auch die Persönlichkeitsfaktoren, die Kreativität, die Einstellung zu Träumen und der Einfluss von Stress lassen sich in dieses Modell integrieren, sodass die Salience-Hypothese und die Life-Style-Hypothese mitenthalten sind. Für die Verdrängungshypothese und die Interferenzhypothese ist die Befundlage sehr schwach. Auch für das komplexe Zustands-Wechsel-Modell (Koukkou / Lehmann 1980) liegen keine gesicherten Erkenntnisse vor. Dies liegt wahrscheinlich daran, dass sich die Aktivität des Gehirns schlecht mit nur einer Dimension beschreiben lässt, vielmehr sind es unterschiedliche Muster von Aktivierungen, die beispielsweise Schlaf vom Wachzustand unterscheiden.

Letztendlich bleibt die Frage, welche Faktoren während des Aufwachvorgangs für eine erfolgreiche Traumerinnerung verantwortlich sind, unbeantwortet. Spannend sind hierzu die Befunde, dass nach dem Aufwachen das Gehirn bis zu 15 Minuten braucht, um „hochzufahren", d. h., dass bestimmte Leistungen wie Reaktionsgeschwindigkeit, aber auch das Gedächtnis nicht gleich auf Hochtouren laufen. Im englischen

Sprachraum wird das „sleep inertia" genannt (Tassi / Muzet 2000). Es wäre interessant, zu prüfen, ob dieser Sleep-Inertia-Effekt etwas mit der Traumerinnerung zu tun hat. In Zukunft werden bildgebende Verfahren wie die Kernspintomographie aufklären können, welche Gehirnareale bei einer erfolgreichen Traumerinnerung aktiviert sein müssen.

Werkzeuge der Traumforschung

3

Nachdem die entscheidende Voraussetzung, die erfolgreiche Traumerinnerung, besprochen wurde, sollen jetzt die wichtigsten Werkzeuge der Traumforschung vorgestellt werden. Neben der Erfassung der Traumberichte durch Traumeerhebungsmethoden ist dies die Trauminhaltsanalyse. Dieses Verfahren ermöglicht es, Trauminhalte statistisch auszuwerten.

Traumerhebungsmethoden

Für die Erfassung von Traumberichten werden in der Forschung die folgenden Methoden am häufigsten eingesetzt: Fragebogen, Interview, Tagebuch und Laborweckung. Da alle Herangehensweisen Vor- und Nachteile aufweisen, ist es wichtig, für eine bestimmte Fragestellung die am besten geeignete Methode auszuwählen.

Die einfachste Methode eine große Traumstichprobe zu gewinnen, ist der Fragebogenansatz, den Domhoff (1996) unter dem Namen Most-Recent-Dream-Ansatz populär gemacht hat (www.dreambank.net). Dabei wird die Person gebeten, den letzten Traum, an den sie sich erinnern kann, so ausführlich wie möglich aufzuschreiben. Dem geringen Aufwand dieser Methode steht jedoch auch ein Nachteil gegenüber. Die Person muss den Traum gut im Gedächtnis gespeichert haben, um ihn nach einem Tag oder auch Wochen und Jahren (je nach dem, wie lange der Traum zurückliegt) wiedergeben zu können.

Ähnlich sieht es beim Interview aus, wenn nach Träumen gefragt wird. Allerdings kommt noch die Interviewsituation selbst mit ins Spiel. Träume sind meist sehr persönlich und die Befragung durch eine fremde Person kann einen Einfluss darauf haben, was erzählt wird und was nicht (Cartwright / Kaszniak 1991). Einen Spezialfall der Interviewtechnik bilden die Therapieträume, die während einer laufenden Therapie von den betreffenden Patienten erzählt werden. Dabei sind mehrere Punkte zu beachten. Erstens werden meist nur Träume erzählt, die zum

Therapieinhalt passen. Zweitens wird der Traum meistens nach der Sitzung vom Therapeuten aufgeschrieben, was zu Verzerrungen führen kann. Der dritte Punkt ist, dass Träume, die aus einer laufenden Therapie stammen, von den Inhalten der vorhergehenden Sitzungen beeinflusst sein können. So unterschieden sich die Träume von Personen in Jungscher gegenüber Personen in Freudscher Psychoanalyse sehr deutlich (Fischer 1978). Darüber hinaus muss berücksichtigt werden, dass es sich bei den Traumlieferanten nicht um gesunde Personen handelt, sondern die Patienten häufig gerade eine schwierige Phase in ihrem Leben durchmachen. Aufgrund solcher Träume allgemeingültige Aussagen zu machen, ist sicher sehr zweifelhaft.

Um das Problem der Rückerinnerung zu minimieren, werden Traumtagebücher eingesetzt. Die Person wird gebeten, sofort nach dem Aufwachen – wenn möglich –, alle erinnerten Träume der Nacht niederzuschreiben. Stern et al. (1978) wiesen darauf hin, dass es dabei sehr wichtig ist, allen Versuchspersonen die gleichen Instruktionen zu geben. Schon eine Veränderung der Anweisung dahingehend, ob mehr auf Landschaften oder mehr auf Städte geachtet werden soll, hatte einen erheblichen Einfluss auf die nachfolgenden Trauminhalte. Da viele Menschen ihre Träume für sich aufschreiben, haben einige Traumforscher (Smith / Hall 1964; Domhoff 1996) dies als Möglichkeit genutzt und sehr lange Traumserien mit teilweise über 1000 Träumen analysiert. Aber auch hier ist zu beachten, dass die Aufzeichnungen nicht unbedingt eine repräsentative Auswahl an Träumen der betreffenden Person darstellen. Vielleicht hat sie nur besonders interessante Träume aufgeschrieben oder keine Zeit zum Schreiben gefunden, wenn gerade viel Stress im Alltag war.

Den direktesten Zugang zum Traumerleben bieten die Laborweckungen oder ↑ REM-Weckungen. Eine Nachtwache im Schlaflabor, die den ↑ EEG-Schreiber überwacht, wartet, bis die erste, zweite usw. REM-Phase auftritt, weckt den Probanden über die Gegensprechanlage nach 5 bis 15 Minuten und fragt: „Was ist Dir vor dem Aufwecken durch den Kopf gegangen?"

Die Ausbeute ist sehr hoch, da in über 80 % der Fälle Träume berichtet werden und vier bis fünf REM-Phasen pro Nacht auftreten. Die sogenannten Laborträume haben allerdings ebenfalls Nachteile. Weisz und Foulkes (1970) konnten nachweisen, dass Laborträume weniger sexuelle und aggressive Elemente enthielten als Hometräume, also Träume in häuslicher Umgebung, obwohl sie die Bedingungen konstant hielten: Sowohl im Labor als auch zu Hause wurde um 6:30 Uhr geweckt und der Traum von der Versuchsperson auf ein Tonband diktiert. Wahrscheinlich ist es die Atmosphäre im Schlaflabor (Nachtwache im Nachbarraum, Verkabelung, fremde Schlafumgebung), die einen beträchtlichen Einfluss auf die Träume ausübt. Ein zweiter Faktor wird in der Schlaflaborforschung meist nicht genügend berücksichtigt, obwohl er sehr markant ist. Viele der Träume handeln direkt (19,4 % , N = 2464 Träume; Schredl 1999) oder indirekt (38,4 %, N = 1753 Träume; Schredl 1999) von der Schlaflaborumgebung. Die Träume enthalten Referenzen auf den Versuchsleiter, die Elektroden, auf das Experiment allgemein usw. Diese zwei Punkte verdeutlichen, dass aufgrund von Laborträumen kaum Aussagen darüber gemacht werden können, wie die Menschen „normalerweise" träumen. Es sind „künstliche" Träume. Es gibt Versuche, diesen Nachteil zu vermeiden und apparative Techniken und Ableitsysteme im häuslichen ↑ Setting anzuwenden. Besonders elegant sind sogenannte Traumdetektoren, die aufgrund einer Messelektronik REM-Phasen aufspüren und dann die Person automatisch wecken. So können auch im heimischen Bett viele Träume gewonnen werden, allerdings ist die Messtechnik noch nicht sehr präzise, sodass es zu falschen Alarmen kommt.

Für die Auswahl einer Erhebungsmethode ist, wie gesagt, die genaue Fragestellung der Studie entscheidend. Werden große Traummengen aus dem Alltag benötigt, sind Fragebogen oder Tagebücher geeignet. Möchte man physiologische Parameter wie Herzschlag oder Atemfrequenz mit den Trauminhalten in Beziehung setzen, ist die Labortechnik die Methode der Wahl.

Trauminhaltsanalyse

Nun stellt sich die Frage, wie die gewonnenen Traumberichte schließlich ausgewertet werden. Um die Trauminhaltsanalyse durchführen zu können, müssen die Träume aufbereitet werden, so werden z. B. Wiederholungen (vor allem in verbalen Protokollen) und Bemerkungen, die nicht zum eigentlichen Traumerleben gehören wie „mein Bruder, den ich gestern getroffen habe", herausgenommen und der ganze Traum abgetippt, um den Beurteilern die Arbeit zu erleichtern und die größtmögliche Anonymität zu gewähren.

Bevor die Ideen und Ziele der Trauminhaltsanalyse im Einzelnen erläutert werden, soll ein fiktives Beispiel die Herangehensweise verdeutlichen. Schritte bei der Trauminhaltsanalyse:

1. Fragestellung formulieren, z. B. Träumen Männer häufiger von körperlicher Aggression als Frauen?
2. Entwicklung einer Skala (oder Anwenden einer bereits vorhandenen Skala) – Wichtig: Skala vor Anwendung entwickeln!!
3. Erhebung der Träume
   – Stichprobe (z. B. Studierende)
   – Welche Methode der Traumerhebung (Tagebuch, Labor)
4. „Blinde“ Analyse der Traumberichte (Stichwort Interrater-Reliabilität)
5. Statistische Auswertung
6. Interpretation

Ein Psychotherapeut unterhält sich mit seinem wissenschaftlich arbeitenden Kollegen über seinen Eindruck, dass in den Träumen von depressiven Patienten häufiger das Thema Zurückweisung vorkommt als in Träumen von nicht depressiven Menschen. Um diese Hypothese zu prüfen, fragt der Wissenschaftler den Therapeuten, was er unter Zurückweisung versteht; nicht nur auf der theoretischen Ebene, sondern er soll sich möglichst konkrete Szenen ausdenken, die eine Zurückweisung enthalten. Diese Szenen werden alle aufgelistet, sodass eine Skala ersteht, die der beurteilenden Person die folgende Einschätzung ermöglichen soll: „Ja“, nach den vorgegeben Kriterien liegt in diesem Traum eine Zurückweisung vor, oder „Nein“, es liegt keine Zurückweisung vor. Dann sammelt der Forscher jeweils 100 Traumberichte von depressiven Patienten und nicht depressiven Personen. Die Berichte werden dann „gemischt“, sodass die beurteilende Person nicht weiß, von welcher Gruppe der zu beurteilende Traumbericht stammt. Nach dem alle 200 Traumberichte eingeschätzt wurden, wird vom Forscher ausgezählt, wie viele Träume der depressiven Patienten im Vergleich zu denen der gesunden Kontrollgruppe Zurückweisungen enthalten, z. B. 25 % vs. 5 %. Dieser Unterschied kann dann durch ein statistisches Verfahren (hier der Chi-Quadrat-Test) dahingehend überprüft werden, ob der Unterschied möglicherweise nur durch Zufall zustande gekommen ist.

Kernaussage

Das Beispiel verdeutlicht das wichtigste Ziel der Inhaltsanalyse: Es werden bestimmte Merkmale der Berichte in Zahlen überführt, um nachfolgend statistische Analysen durchführen zu können. Wird die Methode konsequent angewendet (Entwicklung einer Skala, Erhebung und Mischen der Traumberichte, Beurteilung durch eine

Person, die die Gruppenzugehörigkeit nicht kennt) genügt sie den Standardkriterien wissenschaftlichen Arbeitens. So kann die Analyse mit neuen Berichten wiederholt werden, weil die Skala als Text niedergelegt ist. Des Weiteren kann man Kennwerte für die Messgenauigkeit angeben (siehe dazu die folgenden Abschnitte).

Das Vorgehen ist hypothesengeleitet, sodass Theorien damit empirisch überprüft werden können. Allerdings ist es sehr wichtig, dass der Forscher die Skala vor Kenntnis des Traummaterials entwickelt und formuliert, sonst misst die Skala genau das, was der Forscher im Material „gesehen" hat.

Die Trauminhaltsanalyse weist allerdings auch einige Nachteile auf: Durch die Anwendung spezifischer Skalen findet ein Informationsverlust statt, das Einzigartige, das in jedem Traum steckt, kann nicht erfasst werden. Auch Themen, die sehr selten in Träumen vorkommen, können schlecht statistisch analysiert werden, da immense Traumstichproben nötig wären. Das Hauptproblem ist jedoch, dass die Inhaltsanalyse auf den Traumbericht beschränkt bleiben muss. Da das eigentliche Ziel nicht die Analyse des Berichts ist, sondern die Analyse des subjektiven Empfindens im Traum, stellt sich die Frage, wie gut der Traumbericht das erlebte Geschehen im Traum abbildet. Dieses Gütekriterium, die ↑ Validität, wird im Abschnitt Gütekriterien der Inhaltsanalyse erläutert.

Inhaltsanalytische Skalen

In ihrem Buch „Dimensions of Dreams" haben Winget und Kramer (1979) 132 Skalen und ↑ Ratingsysteme zur Inhaltsanalyse aus dem englischen Sprachraum zusammengestellt. Die Skalen erfassen ganz unterschiedliche Themen wie Aggression, Anzahl der Personen, bizarre Elemente usw. Das folgende Beispiel ist eine globale Ratingskala, die Sie nach dem Durchlesen auf das darauffolgende Traumbeispiel anwenden können.

Beispielskala: Gefühle im Traum

„Bei der Gefühlseinschätzung können positive und negative Gefühle gleichzeitig kodiert werden. Neutral ist der Traum, wenn beide Skalen mit 0 kodiert werden.

Achten Sie zunächst auf explizite Gefühlsäußerungen des Träumenden. Falls durch Handlungen oder durch die Situation Gefühlsstimmungen deutlich werden, ist eine dementsprechende Kodierung möglich.

Falls im Traum mehrere Gefühle auftreten, wird das am stärksten auftretende Gefühl für die Kodierung herangezogen."

Positive Gefühle	0 keine	1 etwas	2 mittel	3 sehr ausgeprägt
Negative Gefühle	0 keine	1 etwas	2 mittel	3 sehr ausgeprägt

Traumbeispiel

„Ich bin mit einem Uni-Bekannten auf dem Dachboden über einer riesigen, verzierten Domkuppel. Die Dachbalken sind nur ganz dünne Holzlatten und dazwischen ist Füllwatte. Mein Bekannter bricht an einer Stelle durch die Füllwatte, seine Beine hängen jetzt eigentlich in die Kirche hinein, aber auf einmal ist alles unterhalb der Füllwatte Wasser (wie im Schwimmbad). Mein Umhängebeutel fällt dann auch durch die Füllwatte und versinkt im Wasser. Ich kriege die Henkel nicht mehr zu fassen und mein Bekannter taucht hinterher."

Die Einschätzung des Beispieltraumes (es ist ein Tagebuchtraum) durch die Versuchsperson selbst finden Sie am Ende dieses Kapitels. Die Träumerin schildert zwar nicht explizit, welche Gefühle sie im Traum erlebt, doch kann man aus der Beschreibung der Handlung erahnen, dass Gefühle vorhanden sein könnten. So ist das Mitverfolgen, dass der Bekannte einbricht, wahrscheinlich von negativen Gefühlen leichter oder mittlerer Ausprägung begleitet, auch wenn nicht explizit erwähnt wird, dass die Träumerin einen Schreck bekommen hat. Interessanterweise zeigen Studien, dass normalerweise – aber nicht immer – Situationen im Traum so erlebt werden, wie sie auch im Wachzustand erlebt würden (Foulkes et al. 1988). Nur deshalb lässt sich überhaupt eine sinnvolle Einschätzung der Gefühle von außen durchführen.

Das umfangreichste System zur Trauminhaltsanalyse mit über 300 Kodiermöglichkeiten wurde von Hall und Van de Castle (1966) entwickelt. Das Ratingsystem ist auch in Domhoff (1996) enthalten, der ebenfalls über die mannigfaltigen Anwendungen des Systems berichtet. Das System erfasst zum Bespiel Traumpersonen (Alter, Geschlecht, Bekanntheitsgrad), soziale Interaktionen (freundlich, aggressiv, sexuell), Umgebungen („Indoor", „outdoor"), Glück, Unglück, Emotionen und vieles mehr.

Gütekriterien der Inhaltsanalyse

Damit eine Methode als wissenschaftlich anerkannt wird, ist die Angabe von Gütekriterien sehr wichtig. Damit wird abgeschätzt, wie hoch die Messgenauigkeit ist (↑ Reliabilität) und ob man das misst, was man messen möchte.

In der Trauminhaltsanalyse wird im Rahmen der Messgenauigkeit häufig nur die Interrater-Reliabilität diskutiert. Darunter versteht man die Übereinstimmung zwischen zwei Beurteilern, die mittels derselben Skalen dieselben Träume einschätzen. Zum Beispiel geben Hall und Van de Castle (1966) an, dass für die Geschlechtskodierung von Traumpersonen eine Übereinstimmung von 93 % erreicht wurde, ob eine aggressive Handlung vorkommt, ist schwieriger einzuschätzen, die Übereinstimmung lag bei 54 %. Für die Beispielskala „Traumgefühle" lagen in einer eigenen Studie (Schredl 1998a) die Korrelationen bei r = .824 (positive Gefühle) und r = .888 (negative Gefühle). Diese Werte (über .80 sind als sehr gut anzusehen). Die Interrater-Reliabilität macht eine Aussage über die Güte der Skala. Je präziser die Skala definiert ist, desto höher ist die Übereinstimmung, wenn zwei verschiedene Personen die Skala anwenden. Dadurch wird der Einfluss durch die Subjektivität des Beurteilers auf ein Minimum reduziert. Es konnte jedoch auch gezeigt werden, dass ein Training der Beurteiler notwendig ist, um sehr hohe Übereinstimmungen zu erzielen (Schredl et al. 2004).

Eine weitere Form der Reliabilität ist in der Traumforschung kaum berücksichtig worden; diese hängt mit der großen Variabilität der Trauminhalte zusammen. In der Testpsychologie wird das Problem so gelöst, dass man viele einzelne Fragen verwendet, um eine ↑ Persönlich keitsdimension stabil zu messen. Ich habe dieses Modell auf Trauminhalte übertragen und berechnet, dass man bis zu 20 Träume pro Person benötigt, um stabile Unterschiede zwischen den Personen messen zu können (Schredl 1998b). Erst dann liegt in diesem Sinne eine hohe Reliabilität vor.

Auch bezüglich der ↑ Validität der inhaltsanalytischen Skalen liegen nur wenige Studien vor. Vordergründig gilt für die meisten Skalen die sogenannte Augenscheinvalidität: Wenn in der Skala nach Aggression gefragt wird, wird auch Aggression gemessen. Das folgende Beispiel zur Messung von Traumgefühlen soll aufzeigen, dass die Sachlage nicht ganz so einfach ist.

In Tabelle 1 sind die Ergebnisse für 133 Traumberichte dargestellt, bei denen die Traumgefühle auf drei verschiedene Arten gemessen wurden.

Tabelle 1: Einschätzung von Traumgefühlen (N = 133 Träume; Schredl / Doll 1998)

Kategorie	Selbsteinschätzung	Fremdeinschätzung	Hall & Van de Castle
keine Gefühle	0,8 %	3,5 %	57,9 %
ausgeglichene Gefühle	12,0 %	9,0 %	6,8 %
vorwiegend negative Gefühle	50,4 %	56,4 %	26,3 %
vorwiegend positive Gefühle	36,8 %	21,1 %	9,0 %

- Direkt nach dem Aufschreiben wurden die Versuchspersonen gebeten, ihre positiven und negativen Gefühle auf zwei Skalen einzuschätzen. Diese Skalen hatten die gleichen Werte wie die Beurteilerskala.
- Dann erfolgte eine Einschätzung der Traumberichte anhand der Skala, die oben als Beispiel dargestellt wurde.
- Andere Beurteiler schätzten schließlich die Traumberichte nach dem Kodiersystem von Calvin Hall und Robert Van de Castle (1966) ein. Bei diesem ↑ Ratingsystem werden nur im Traumbericht explizit genannte Emotionen kodiert. Ein Traum „Ich sehe ein Monster und laufe weg." bekommt keine Kodierung, da die Versuchsperson die vermutlich vorhandene Angst nicht explizit angibt.

Aus den Ergebnissen dieser Studie wird deutlich, dass die Fremdeinschätzung das Auftreten von Traumgefühlen deutlich unterschätzt, vor allem wenn nur explizit genannte Emotionen erfasst werden. Dazu kommt noch die Überschätzung des Anteils der negativen Traumgefühle: Bei der Fremdeinschätzung kommen negativ getönte Träume fast dreimal so häufig vor, während bei der Selbsteinschätzung die Anteile ausgeglichen sind. Dieses Problem der ↑ Validität ist nicht in den Skalen selbst begründet, es ist auf die Tatsache zurückzuführen, dass dem Beurteiler nur der Traumbericht als Material zur Verfügung steht. Im Falle der Emotionen – aber auch für bizarre Elemente (Schredl / Erlacher 2004) – zeigte sich, dass die Versuchspersonen nicht alles genau so aufgeschrieben haben, wie sie es erlebt haben, der Traumbericht die

Traumerfahrung also nicht vollständig wiedergibt. Würde man allerdings die Genauigkeit auf die Spitze treiben, würde es wahrscheinlich Stunden dauern, bis ein Traum in allen bzw. den meisten Einzelheiten erfasst ist. Aus diesem Grund ist es sinnvoll, die formale Inhaltsanalyse von Traumberichten durch Ratingskalen zu ergänzen, die die Versuchsperson nach dem Aufschreiben des Traumes selbst ausfüllt, z. B. die Einschätzung der positiven und negativen Traumgefühle. So kann man zu genaueren Aussagen bezüglich der erlebten Traumerfahrung kommen.

> Auflösung zum Beispieltraum von Seite 27:
> Die Versuchsperson selbst gab „etwas“ (1) ausgeprägte positive und „mittel“ (2) ausgeprägte negative Gefühle für diesen Traum an.

Was erleben wir beim Träumen?

4

Unsere Vorstellung darüber, was wir träumen bzw. im Traum erleben, beruht auf unseren eigenen Erfahrungen und / oder auf Berichten aus der Literatur und den Medien. Nicht immer deckt sie sich mit den Ergebnissen von Studien, die große Traumsammlungen von vielen verschiedenen Personen untersucht haben. Im Folgenden werden die allgemeinen Aspekte des Träumens wie Realitätscharakter, Gefühle und Sinneswahrnehmungen beleuchtet. Ein weiteres interessantes Thema in diesem Kontext sind die Geschlechtsunterschiede bei Träumen, die im zweiten Teil dieses Kapitels dargestellt werden.

Allgemeine Aspekte des Träumens

Über 90 % der Träume sind dadurch gekennzeichnet, dass das Traum-Ich am Traumgeschehen beteiligt ist (Soper et al. 1994). Das heißt, es handelt sich um ganzheitliche Erlebnisse, wie wir sie aus dem Wachleben kennen. Träume, die wie ein Kinofilm vor den Augen der träumenden Person ablaufen und in denen das Traum-Ich passiver Zuschauer bleibt, sind sehr selten.

Hinsichtlich des Realitätscharakters geht die landläufige Meinung davon aus, dass die meisten Träume bizarr sind, d.h., Dinge enthalten, die in der physikalischen Realität unserer Welt nicht möglich sind. Dies beruht wahrscheinlich darauf, dass meist nur spannende und ungewöhnliche Träume erzählt oder publiziert werden. Tabelle 2 spiegelt die Analyse von Tagebuchträumen wider, die regelmäßig über zwei Wochen hinweg von den Versuchspersonen aufgezeichnet worden sind.

Die Tabelle sagt aus, dass nur ca. 30 % der Träume wirklich Elemente enthalten, die im Wachleben unmöglich sind. In knapp der Hälfte der Träume kommen Elemente vor, die zwar ungewöhnlich aber auch im Wachleben möglich sind. Es kommt in diesem Zusammenhang allerdings darauf an, was man unter „bizarr“ versteht. Manche Autoren (z.B.

Tabelle 2: Realitätscharakter von Tagebuchträumen (Schredl 1999)

Kategorie	Häufigkeit
▪ im Wachleben möglich, normale Erfahrungswelt	29,3 %
▪ im Wachleben möglich, ungewöhnliche Elemente	39,5 %
▪ ein bis zwei bizarre (unmögliche) Elemente	27,4 %
▪ mehrere bizarre Elemente	4,1 %

Hobson et al. 1987) werten bereits Szenensprünge oder Inkonsistenzen (Wohnung aus der Kindheit liegt ein einer anderen Stadt) als Bizarrheit, sodass fast alle Träume bizarre Elemente enthalten. Die folgenden Beispiele für einen realistischen bzw. bizarren Traum aus meiner eigenen Materialsammlung sollen den Unterschied verdeutlichen.

- Traumbeispiel 1 (realistischer Traum): „Ich packe ein paar meiner nettesten Kleidungsstücke ein, um übers Wochenende nach Hause zu fahren. Ich bin dort und sitze mit Leuten, mit denen ich vor Studienbeginn am meisten unternommen habe, Samstagvormittag in „unserem" Café. Obwohl mein Freund dabei ist und mich alle so lieb aufnehmen und sich mit mir unterhalten, fühle ich mich irgendwie fremd und distanziert, und dabei habe ich die ganze Woche auf diese paar Tage hin gelebt."
- Traumbeispiel 2 (bizarrer Traum): „Ich habe bei Indianern in den Bergen gelebt, in einem großen Pfahlhaus im Dschungel. Nachts liefen zwei Ameisen vorbei, die waren größer als Ratten. Als ich ihnen folgte, weckte ich in einem anderen Teil der Hütte jemanden auf. Die „Uni" war gleich um die Ecke; Lehmwände ohne Dach, der Unterricht fast so schlecht wie in Realität, aber es gab viele nette Leute. In einem Raum war eine Fete, wo sich die Leute sehr vulgär benommen haben."

Sowohl bei Laborträumen als auch bei den Tagebuchträumen zeigt sich ein ausgewogenes Verhältnis von positiven und negativen Gefühlen bei gesunden Personen. Allerdings treten im Labor mehr neutrale Gefühle auf, was schon in Kapitel 3 behandelt wurde, d. h., Laborträume sind weniger intensiv.

Tabelle 3: Traumgefühle (globale Selbsteinschätzung)

Kategorie	Laborträume[1] (N = 500)	Tagebuchträume[2] (N = 964)
▪ neutral	27,4 %	7,3 %
▪ ausgeglichen	12,8 %	11,9 %
▪ überwiegend negativ	28,7 %	42,6 %
▪ überwiegend positiv	31,1 %	38,2 %

[1] Strauch & Meier (1992); [2] Schredl & Doll (1998)

Die Studienergebnisse, die besagen, dass ein Großteil der Träume negativ getönt sind, unterliegen wahrscheinlich einer Verzerrung. So kann die Trauminhaltsanalyse einen systematischen Fehler erzeugen (siehe Kapitel 3), oder es werden Personengruppen untersucht, die aktuell viel Stress haben (z. B. Psychotherapiepatienten), oder es werden nur besondere Träume, die lange Zeit zurückliegen, analysiert. Das alltägliche Traumleben scheint aber in Bezug auf die Gefühlsstimmung ausgeglichen.

In Tabelle 4 sind die Ergebnisse der Traumforschung hinsichtlich der verschiedenen Sinneswahrnehmungen zusammengefasst.

Alle Träume enthalten bildhafte (visuelle) Eindrücke. Bei Personen, die blind geboren worden sind, fehlen diese jedoch vollständig. Allerdings sind bildhafte Eindrücke in den Träumen von Menschen nachzuweisen, die nach dem 7. Lebensjahr erblindet sind. Die auditive Wahrnehmung spielt eine große Rolle in Träumen, wobei allerdings weniger Geräusche betroffen sind als Gesprochenes. Kinästhetische Erfahrungen (Empfindungen, die auf Bewegung zurückgehen) treten z. B. bei Flugträumen in ausgeprägter Form auf, aber auch im Zusammenhang mit anderen Formen der Fortbewegung. Berührung (taktiles Erleben), Geschmack, Geruch und Schmerzen treten sehr selten auf. Eine sehr detaillierte Studie von Strauch und Meier (2004) legt jedoch nahe, dass bei den oben genannten Studien, die Traumberichte analysierten, diese Bereiche möglicherweise unterschätzt werden. So führen die Autorinnen das Beispiel einer Probandin an, die im Traum ein Kleid glatt streicht und dabei – das ergab erst die gezielte Nachfrage der

Tabelle 4: Sinneswahrnehmungen in Träumen

Modalität	Laborträume[1] (N = 635)	Laborträume[2] (N = 107)	Tagebuchträume[3] (N = 3372)
visuell	100 %	100 %	100 %
auditiv	76 %	65 %	53 %
kinästhetisch	–	8 %	–
taktil	1 %	1 %	–
Geschmack	1 %	1 %	> 1 %
Geruch	< 1 %	1 %	1 %
Schmerz	–	–	1 %

[1] Snyder (1970); [2] McCarley / Hoffman (1981); [3] Zadra et al. (1997)

Experimentatorin – eine intensive taktile Empfindung spürt. Beim ersten Erzählen des Traumes hatte die Träumerin davon nicht berichtet.

Ein weiteres Phänomen der Sinneserfahrung ist die Wahrnehmung von Farben. Da in Spontanberichten zum Teil wenig Farbeindrücke beschrieben werden (25 % der Träume; Kahn et al. 1962), gingen viele Forscher – vor allem in den 1950er Jahren – davon aus, dass schwarz-weiß geträumt wird (eine Übersicht dazu findet sich bei Schwitzgebel 2002). Fragt man jedoch gezielt nach, stellt sich heraus, dass viele Träume Farben enthalten (etwa bei Kleidung, Natur, Gesichtern; Schwitzgebel 2003). Ein weiteres „Vorurteil" gegenüber Träumen ist, dass das Traum-Ich im Traum selten denkt. Meier (1993) fand jedoch in 21,2 % der Traumberichte Angaben dazu, dass im Traum gedacht wurde. Vermutlich liegt die Rate noch höher, wenn gezielt nach Gedanken im Traum gefragt wird, denn die typische Traumerzählung konzentriert sich auf Handlung und Bilder.

Geschlechtsunterschiede in Träumen

Die erste Inhaltsanalyse einer großen Stichprobe von Traumberichten (N = 1000) aus den Jahren 1948 bis 1952 wurde von Hall und Van de Castle 1966 publiziert. Sie verwendeten von 100 männlichen Studierenden jeweils fünf Träume, ebenso von 100 Studentinnen. Eine Auswahl der wichtigsten Ergebnisse ist in Tabelle 5 dargestellt.

In Männerträumen kommen häufiger Umgebungen vor, die im Freien („outdoor") liegen, ebenso ein höherer Anteil an männlichen Traumpersonen, an unbekannten Personen sowie mehr physische Aggression, Waffen und Sexualität. In Frauenträumen finden sich mehr Traumpersonen, explizit genannte Emotionen, Haushaltsartikel und Kleidungsstücke.

Tabelle 5: Geschlechtsunterschiede in Träumen (Hall / Van de Castle 1966)

Variable	Männer (N = 500)	Frauen (N = 500)
▪ Settings („outdoor" („indoor"+"outdoor")	52 %	39 %
▪ Anteil männlicher Traumpersonen	67 %	48 %
▪ Anteil unbekannter Traumpersonen	55 %	42 %
▪ Physische Aggressionen / Alle Aggressionen	50 %	34 %
▪ Sexualität im Traum	11,6 %	3,6 %
▪ Objekte im Traum[1]		
Haushaltsartikel	8,1 %	10,5 %
Waffen	3,0 %	0,8 %
Kleidung	5,7 %	10,2 %
▪ explizit genannte Emotionen pro Traum	0,48	0,70 %
▪ Anzahl der Traumpersonen pro Traum	2,2	2,7

[1] Gesamtzahl für die Objekte für Männer (N = 2422), für Frauen (N = 2659)

Durch Nachfolgestudien (Hall et al. 1982; Domhoff 1996; Schredl et al. 1998; Schredl et al. 2003b) konnten viele der Unterschiede bestätigt werden. So zeigte sich durchgehend ein Unterschied bezüglich des Anteils der männlichen Traumpersonen, der Sexualität und der physischen Aggressionen. Nicht bestätigt wurden die Ergebnisse bezüglich der Traumemotionen: Wenn die Selbsturteile der Träumenden herangezogen wurden, ergaben sich hier keine Unterschiede zwischen Männern und Frauen (Schredl et al. 1998). Dies steht möglicherweise in Zusammenhang mit der eingeschränkten ↑ Validität der Gefühlseinschätzung durch externe Beurteiler (siehe Abschnitt Gütekriterien im Kapitel Werkzeuge der Traumforschung). Auch hinsichtlich allgemeiner Charakteristika wie Traumlänge (Anzahl der Wörter pro Bericht), Realitätsnähe und Anzahl der verbalen und physischen Interaktionen scheinen keine Unterschiede zwischen Männern und Frauen zu bestehen (siehe Tabelle 6 und die Übersicht in Schredl et al. 1998).

Interessanterweise scheinen die Geschlechtsunterschiede über die Zeit recht stabil zu bleiben, denn ca. 30 Jahre nach ihrer ersten großen Studie, die Träume aus der Zeit um 1950 enthält (Hall / Van de Castle 1966) konnten die Autoren (Hall et al. 1982) zeigen, dass die meisten Geschlechtsunterschiede, z. B. in Bezug auf vermehrte physische Aggressionen oder das Geschlecht der Traumpersonen, genauso wieder aufzufinden waren. Auch in einer neueren Studie (Schredl et al. 2003b) wurden die Geschlechtsunterschiede, die um ca. 1950 auftraten, repliziert. Schredl und Piel (2005) untersuchten zwei Aspekte – Arbeit, Verstorbene Personen – hinsichtlich des Geschlechtsunterschiedes und verwendeten dazu Träume aus dem Zeitraum von 1956 bis 2000. Als Quelle dienten vier repräsentative Querschnittsuntersuchungen des Instituts für Demoskopie in Allensbach. Auch hier zeigte sich trotz der Zunahme der Arbeitsthemen bei beiden Geschlechtern ein stabiler Unterschied, Männer träumten im gesamten Zeitraum häufiger von der Arbeit. Frauen berichteten dagegen in allen vier Untersuchungen häufiger über das Auftreten von verstorbenen Personen im Traum.

In der Studie von Schredl et al. (2004) wurde die Frage gestellt, ob es externen Beurteilern gelingt, das Geschlecht des Träumers / der Träumerin überzufällig richtig zu erkennen. Dafür wurden 200 Träume (100 Männerträume, 100 Frauenträume) aus anderen trauminhaltsanalytischen Studien ausgewählt. 26 Träume, die einen expliziten Geschlechtsbezug aufwiesen, z. B. leisten von Zivildienst, Tragen eines Brautkleides, wurden durch einen anderen Traum der jeweiligen Person ersetzt. In 73

Tabelle 6: Geschlechtsunterschiede in Träumen (Schredl et al., 1998)

Variable	Frauen (N = 177)	Männer (N = 69)	Effekt-stärke
Traumlänge	84.9 ± 57.4	91.8 ± 77.8	0.10
Realitätsnähe	2.47 ± 0.82	2.58 ± 0.86	0.11
Emotionale Intensität	2.14 ± 1.42	1.91 ± 1.25	-0.14
Anteil männlicher Traumpersonen	0.50 ± 0.42	0.66 ± 0.36	0.33 *
Verbale Interaktionen	59.3 %	55.1 %	-0.08
Physische Interaktionen	11.9 %	13.0 %	0.03
Sexualität	3.4 %	8.7 %	0.23 *
Physische Aggression	5.1 %	15.9 %	0.36 *

* signifikanter Unterschied zwischen Frauen und Männern

Träumen wurden Veränderungen vorgenommen, um direkte Rückschlüsse auf das Geschlecht zu verhindern, z. B. „Mein Freund" wurde zu „Mein Freund / Meine Freundin". Die 200 Träume wurden in eine zufällige Abfolge gebracht und durch zwei Beurteilerinnen bewertet. Zusätzlich schätzten sie die subjektive Sicherheit in das Urteil auf einer vierstufigen Ratingskala ein.

Beurteilerin 1 erreichte 64 % korrekte Zuordnungen (Effektstärke: d = 0.28) und Beurteilerin 2 64,5 % (d = 0.29). Berücksichtigt man, dass die Ratewahrscheinlichkeit bei 50 % liegt, ist die Detektierbarkeit des Geschlechts als eher gering einzuschätzen. Diese Effektstärke ist vergleichbar mit den Ergebnissen der inhaltsanalytischen Studien (siehe z. B. Tabelle 6). Interessanterweise hatten beide Beurteilerinnen mehr Vertrauen in ihre Einschätzung von Frauenträumen als bei Männerträumen, obwohl die Anzahl der Treffer nicht höher war. Spannend wäre eine Nachfolgestudie mit männlichen Beurteilern. Die Implikation dieser Ergebnisse für den klinischen Alltag ist, dass man nicht viel Information aus einem einzigen Traumbericht über die Person herauslesen kann, also gezieltes Nachfragen über die erlebten Inhalte sehr wichtig ist.

Aufgrund der konsistenten Befunde zu einigen Geschlechtsunterschieden stellt sich die Frage, wie diese Unterschiede im Trauminhalt zu erklären sind. Legt man die Kontinuitätshypothese (siehe Kapitel 5) zugrunde, so lassen sich z. B. die Unterschiede bezüglich der Sexualität im Traum oder der physischen Aggression im Traum leicht erklären, da Metaanalysen entsprechende Unterschiede für das Wachleben zeigen (Sexualität: Oliver / Hyde 1993; physische Aggression: Eagly 1987). Die höhere Empathie (Einfühlungsvermögen) bei Frauen erklärt möglicherweise das häufigere Auftreten von verstorbenen Personen im Traum (Schredl / Piel 2005), sozusagen als Ausdruck einer höheren emotionalen Bezogenheit in zwischenmenschlichen Beziehungen. Während Hall (1984) zur Erklärung des Überhangs von männlichen Traumpersonen in Männerträumen (im Gegensatz zu einem ausgewogenen Verhältnis von männlichen und weiblichen Traumfiguren in Frauenträumen) den Oedipuskomplex heranzieht, konnten Schredl und Jacob (1998) nachweisen, dass dieses Geschlechtsverhältnis von der Wachumgebung abhängt. Der männliche Träumer wies 63 % männliche Traumpersonen auf, wenn er sich im Wachleben vornehmlich in einer männerdominierten Umgebung bewegte (Studium der Elektrotechnik), während er in einer „weiblichen" Umgebung (Studium der Psychologie) nur zu 51 % von Männern träumte. Für eine Stichprobe von 35 Frauen zeigte sich, dass die Zeit, die sie mit Männern respektive Frauen tagsüber (vor allem am Wochenende) verbrachten, direkt mit der Geschlechtszusammensetzung der Traumpersonen korrelierte (Schredl et al. 1998). Ebenfalls spannend war die Analyse der Traumpersonen bei einer Gruppe von Singles vs. einer Gruppe von Personen mit fester Partnerschaft (Schredl 2001). Während sich bei den Singles der schon häufig gefundene Geschlechtsunterschied (z. B. bei Hall 1984) zeigte (61 % männliche Traumpersonen in Männerträumen, 48 % männliche Traumpersonen in Frauenträumen), war dieser für Personen, die in fester Partnerschaft lebten, nicht zu finden (49 % Männer in Männerträumen, 62 % Männer in Frauenträumen). Dies lag schlicht daran, dass häufig vom Partner bzw. von der Partnerin geträumt wurde. Lortie-Lussier et al. (1992) konnten schließlich nachweisen, dass berufstätige

Frauen ein „männlicheres“ Traummuster im Hinblick auf das Geschlecht der Traumfiguren aufweisen.

Kernaussage

Insgesamt weisen diese Studien klar darauf hin, dass die Unterschiede im Traum Geschlechtsunterschiede im Wachzustand widerspiegeln; also im Einklang mit der Kontinuitätshypothese des Träumens (siehe Kapitel 5) stehen.

Der Zusammenhang zwischen Wachleben und Traum

5

In diesem Kapitel wird die Frage untersucht, wie sich das Wachleben auf die nachfolgenden Träume auswirkt. Die Forschung geht dabei folgenden Weg: Es wird untersucht, was die Personen im Wachzustand erlebt haben und ob sich deren Träume nach bestimmten Erlebnissen von anderen Träumen dieser Person oder Träumen anderer Personen unterscheiden. In der Traumdeutung ist die Vorgehensweise zwar umgekehrt – ausgehend vom erzählten Traum wird gefragt, warum dieser Traum aufgetreten ist –, aber im Prinzip wird auch die Frage gestellt, wie das Wachleben der Träumerin oder des Träumers mit dem Traum zusammenhängt.

Den meisten Arbeiten liegt die sogenannte Kontinuitätshypothese zugrunde, die im nachfolgenden Abschnitt vorgestellt wird. Anhand einer Beispielstudie soll dann ein methodisches Vorgehen, der „korrelative Ansatz", anschaulich dargestellt werden. Nach einem kurzen Überblick über die Forschungslage wird schließlich ein Modell vorgestellt, das die wichtigsten Einflussfaktoren in Bezug auf die Kontinuität zwischen Wachleben und Traum verbindet. Dieses Modell kann als Ausgangspunkt für weitere Forschungsarbeiten dienen.

Drei Grundhypothesen

Es werden drei Hypothesen zum Zusammenhang von Wachleben und Traum unterschieden. Dabei ist zu berücksichtigen, dass sich die drei Ansätze keineswegs gegenseitig ausschließen. Eher ist es eine Frage der Häufigkeit, mit der Träume bezogen auf die einzelnen Erklärungsansätze vorkommen.

- Kontinuitätshypothese
- Komplementärhypothese
- Kein Zusammenhang

Die Kontinuitätshypothese geht davon aus, dass sich das Wachleben im Traum in der ein oder anderen Art widerspiegelt. Zum Beispiel findet sich bei Sigmund Freud die Idee, dass die sogenannten Tagesreste (Erlebnisse des Vortages) eine wichtige Rolle im Traum spielen. In der allgemeinen Form ist die Kontinuitätshypothese allerdings wenig hilfreich. Deshalb sei hier auf den letzten Abschnitt dieses Kapitels und das dort dargelegte spezifizierte Modell verwiesen.

Die Komplementärhypothese geht auf Ideen von C. G. Jung zurück und behauptet, dass wir von Dingen träumen, die tagsüber zu kurz kommen; als Ausgleich sozusagen. Für diese Idee wurden wenig Belege gesammelt, d. h. jedoch nicht, dass es solche Träume nicht geben kann.

Psychologische Autoren haben manchmal den Neurowissenschaftlern unterstellt, sie würden behaupten, dass es keinen Zusammenhang zwischen Wachleben und Traum gäbe, dass Träume dem Zufall unterlägen und mit dem psychischen Innenleben der Person nichts zu tun hätten. Schaut man sich jedoch die Publikationen genau an, zeigt sich, dass niemand mehr ernsthaft behauptet, die nächtlichen Traumbilder würden nicht dem Gedächtnis mit den für diese Person ganz spezifischen Inhalten entspringen (daneben gibt es natürlich auch phantastische Trauminhalte).

Wachtätigkeiten und Traumtätigkeit – Eine exemplarische Studie

Um zu verdeutlichen, was mit Kontinuität zwischen Wachleben und Träumen gemeint ist, wird nun eine eigene Studie etwas ausführlicher dargestellt. Der Ausgangspunkt für diese Untersuchung war der Befund von Ernest Hartmann, der zeigen konnte, dass Aktivitäten wie Lesen, Schreiben und Rechnen im Vergleich zu anderen Tätigkeiten wie Spazierengehen, sich mit Freunden treffen oder sexuelle Aktivitäten, im Traum wesentlich seltener vorkommen (Hartmann 2000). Hartmann weist darauf hin, dass diese Tätigkeiten ein sequenzielles Denken (eins nach dem anderen) erfordern und postuliert, dass diese Art des Denkens im Traum nicht so einfach möglich ist wie im Wachzustand. Möglicherweise basiert dies auf der veränderten Gehirnphysiologie (cholinerge Neurotransmission) während des ↑ REM-Schlafes. Interessanterweise wurde diese Idee schon 1909 von Meumann formuliert (Meumann 1909). Er hat an seinen eigenen Träumen beobachtet, dass Lesen und Schreiben sehr selten vorkommen, obwohl er bis zu sechs Stunden pro Tag damit

Tabelle 7: Prozentzahlen für Wach- und Traumaktivitäten (Schredl / Hofmann 2003)

Variable	Wachleben (68.1 Std. / Woche)	Traum (274 Aktivitäten in 442 Träumen)	Unterschied zwischen Wach und Traum Effektstärke (P-Wert)	
Computer (Arbeit, Spielen)	9,7 %	4,0 %	0.23	.015
Telephonieren	8,0 %	7,3 %	0.03	ns.
Fernsehen	12,4 %	8,2 %	0.14	ns.
Lesen	22,6 %	7,3 %	0.44	.001
Autofahren	5,7 %	14,6 %	-0.30	.005
Öffentliche Verkehrsmittel	9,6 %	10,6 %	-0.03	ns.
Rechnen	5,0 %	4,0 %	0.05	ns.
Gespräch mit Freunden	15,2 %	27,7 %	-0.31	.002
Schreiben	4,3 %	3,3 %	0.05	ns.
Spazierengehen	7,9 %	11,3 %	-0.12	ns.

ns. = kein statistisch bedeutsamer Unterschied

beschäftigt war. Er hatte wie Hartmann die Hypothese aufgestellt, dass solche strukturierten Wahrnehmungs- und Arbeitsprozesse während des Träumens nur eingeschränkt möglich sind.

An der Studie (Schredl / Hofmann 2003) haben 133 Personen teilgenommen. Dabei handelte es sich um Psychologie-Studierende (75 %) und Angestellte (25 %). Sie führten über zwei Wochen ein Traumtagebuch und notierten jeweils – im Falle einer Traumerinnerung – den Traum oder die Träume der vergangenen Nacht. Maximal wurden fünf morgendliche Traumberichte pro Versuchsperson erfasst, um den Aufwand für die Personen mit hoher Traumerinnerung überschaubar zu halten. Die Versuchspersonen mussten auch einen Fragebogen zu ihren

Wachtätigkeiten der letzten zwei Wochen ausfüllen. Diesen hatten sie in einem verschlossenen Briefkuvert bekommen, das sie erst nach dem letzten Morgen öffnen durften. Dieses Vorgehen sollte gewährleisten, dass die Versuchspersonen nicht schon während der Studienphase über ihre Wachtätigkeiten abends nachdenken und somit ihre Träume in unerwünschter Weise beeinflussen. Der Nachteil dabei ist, dass die Versuchspersonen sich zurückerinnern mussten, z. B. wie lange sie pro Tag telefonierten, wie lange sie pro Woche lasen, am Computer arbeiteten, spazieren gingen, sich mit Freunden trafen, Auto fuhren usw. Insgesamt betrugt die Zeit der erfassten Wachaktivitäten 68,1 Std. / Woche, also nur einen Teil der Gesamtaktivität (eine Woche hat 168 Stunden).

In der Tabelle 7 werden die Anteile der Aktivitäten im Wachleben und der Traumaktivitäten statistisch miteinander verglichen und die Unterschiede in den Prozentwerten als Effektstärke dargestellt.

Die häufigsten Tagesaktivitäten waren Lesen und Gespräche mit Freunden, was nicht verwunderlich ist, da es sich um eine vorwiegend studentische Stichprobe handelte. Den größten Anteil an den Traumaktivitäten hatten Gespräche mit Freunden, Autofahren, Spazierengehen und das Fahren mit öffentlichen Verkehrsmitteln. Vergleicht man die „kognitiven“ Tätigkeiten (Computertätigkeit, Lesen, Schreiben, Rechnen) mit den anderen Tätigkeiten, so zeigt sich, dass die kognitiven Tätigkeiten 41,6 % aller berichteten Tätigkeiten ausmachten, bei den Traumaktivitäten allerdings nur 18,6 % in diesen Bereich fielen. Das heißt, die Aktivitäten mit dem sequenziellen Denken waren im Traum unterrepräsentiert, und dieser Unterschied war statistisch bedeutsam. Schaut man sich die Unterschiede bezüglich der einzelnen Tätigkeiten in der Tabelle genauer an, so ist Lesen und Computertätigkeit im Traum unterrepräsentiert, während andererseits Autofahren und Gespräche mit Freunden überrepräsentiert sind.

In der Tabelle 8 wird der Zusammenhang zwischen dem Ausmaß der Wachaktivität und dem Auftreten der entsprechenden Tätigkeit im Traum als Korrelation ausgedrückt und auf statistische Signifikanz geprüft. Es zeigte sich, dass Autofahren im Wachleben mit der Häufigkeit des Auftretens dieser Tätigkeit im Traum korrelierte, d. h., je öfter die Person in den zwei Wochen Auto gefahren ist, desto häufiger hat sie davon geträumt. Ähnlich war es bei Lesen für Beruf / Studium, Zeit mit dem Partner / der Partnerin und beruflicher Nebentätigkeit. Für die anderen Tätigkeiten ergab sich jedoch kein solcher Zusammenhang.

Tabelle 8: Korrelationen zwischen Wachaktivitäten und korrespondierenden Trauminhalten (Schredl / Hofmann 2003)

Variable	Korrelation
Zeit mit Partner (N = 64)	.349 **
Beruflichte Tätigkeit (N = 44)	.410 **
Lesen (N = 114)	.257 **
Autofahren (N = 103)	.321 ***

*** p < .001, ** p < .01, einseitige Testung, Partialkorrelationen (Alter und Geschlecht auspartialisiert)

Kernaussage

Zwei Ergebnisse dieser Studie lassen sich festhalten:

- **Erstens, Tätigkeiten wie Lesen, Schreiben, am Computer arbeiten sind in den Träumen unterrepräsentiert.**
- **Zweitens, für einige Aktivitäten zeigte sich der erwartete Zusammenhang: Je häufiger sich die Person im Wachleben mit etwas beschäftigt, desto häufiger kommt diese Beschäftigung im Traum vor.**

Methodische Aspekte wie z. B. die Mittelung der Werte über zwei Wochen (alles aus diesem Zeitraum wurde „in einen Topf geworfen"), die ↑ Variabilität der Trauminhalte, die ungenaue Erfassung der Traumaktivitäten (hier wurde nur Vorkommen im Traum vs. Nichtvorkommen gewertet) schränken zwar die Aussagekraft der Studie ein, doch ergaben sich erste Anhaltspunkte zu der genaueren Beschreibung der Kontinuität zwischen Wach und Traum.

Untersuchungsansätze – Wie misst man Kontinuität?

Für die Untersuchung, wie das Wachleben mit dem Traumleben zusammenhängt, werden unterschiedliche methodische Ansätze verwendet:

- Rückdatierung der Traumelemente
- Experimentelle Manipulation

- Feldstudien
  - intraindividuelle Fluktuationen
  - interindividuelle Unterschiede

Bei der Rückdatierung wird die Person nach dem Erinnern des Traumes über dessen Bezug zum Wachleben befragt, während der experimentelle Ansatz die Erfahrungen vor dem Einschlafen „kontrolliert", z. B. durch Filme, Geschichten oder Tätigkeiten. Die Feldstudien verlassen die künstliche Laborumgebung und erfassen Wachleben und Träume per Tagebuch, Fragebogen oder Interview; so können sowohl Unterschiede im Wachleben und im Traumerleben zwischen Personen untersucht werden (interindividuelle Unterschiede; vgl. obige Beispielstudie) als auch intraindividuelle Fluktuationen, wenn Tagesgeschehen und Traumberichte einer Person, Tag für Tag bzw. Nacht für Nacht erfasst und verglichen werden.

Da die Zahl der Studien zum Zusammenhang zwischen Wachleben und Traum beträchtlich ist, wird hier nur eine Auswahl zu den einzelnen Ansätzen vorgestellt.

Bei der Rückdatierung wird die Versuchsperson – wie erwähnt – nach dem Bezug eines erinnerten Traums zum Wachleben gefragt. Die detaillierteste Studie zum Zeitbezug von Traumelementen führten Strauch und Meier (1992) durch. In den 50 untersuchten ↑ REM-Weckungsträumen waren 80 Hauptfiguren, 39 Statisten, 74 Umgebungen und 298 Gegenstände enthalten. Die Möglichkeit, für diese Traumelemente einen Bezug zum Wachleben herzustellen, schwankte erheblich: 25,6 % (Statisten), 30,9 % Gegenstände und 76,3 % (Hauptfiguren). Das heißt, von allen im Traum auftretenden Hauptfiguren konnten die Versuchspersonen in 76,3 % der Fälle einen Bezug zum Wachleben herstellen, so

Tabelle 9: Zeitbezug von Elementen in Traum und Wachzustand (Strauch / Meier 1992)

Faktoren	Personen	Umgebungen	Gegenstände
▪ Vortag	67,6 %	42,9 %	52,2 %
▪ letzte Woche	19,7 %	31,4 %	21,7 %
▪ letztes Jahr	7,0 %	14,3 %	20,7 %
▪ länger als 1 Jahr	5,6 %	11,4 %	5,4 %

hatten sie an die betreffende Person z.B. gedacht oder sie gesehen. Strauch und Meier (1992) fragten dabei nicht nur nach dem letzten Auftreten des Traumelements in der Realität, sondern auch danach, wann das entsprechende Traumelement das letzte Mal in den Wachgedanken aufgetreten ist. Für die Bereiche Personen, Umgebungen und Gegenstände, die datierbar waren, erhielten Strauch und Meier (1992) die folgende Verteilung (siehe Tabelle 9).

Obwohl solche Studien sehr oft eine plausible exponentielle Abnahme der Traumelemente mit zunehmendem Zeitabstand zum entsprechenden Wacherlebnis zeigen (vergleichbar mit anderen Gedächtnisprozessen), sind die Ergebnisse doch sehr mit Vorsicht zu betrachten. Das Hauptproblem bei der Methode der Rückdatierung liegt in der mehr oder wenig schwierigen bis unmöglichen Aufgabe für die Versuchspersonen, sich an alle Wachereignisse und Wachgedanken der letzte Tage, Wochen und Jahre zu erinnern. Ein weiterer Punkt, der erschwerend wirkt, ist, dass viele Elemente im Wachleben immer wieder vorkommen. So könnte die Mutter im Traum einen Bezug zum Telefonat am Vorabend haben, oder aber auch zu Erlebnissen aus der Kindheit. Das bedeutet, dass solche Studien interessante Hinweise liefern können, aber die Befunde durch experimentelle Methoden und Feldstudien erhärtet werden müssen.

Bei der experimentellen Manipulation werden die Erfahrungen vor dem Einschlafen beeinflusst und kontrolliert, z.B. durch Filme, Geschichten oder Tätigkeiten. In vielen Studien wurden Filme verwendet, um die Inhalte des Wachlebens zumindest am Vorabend der Labornacht gezielt zu beeinflussen. Cartwright et al. (1969) zeigten ihren männlichen Versuchspersonen einen Film mit sexuellem Inhalt und konnten nachweisen, dass Personen, Hintergrund und Handlungen des Films in den Träumen der darauffolgenden Nächte auftraten. Allerdings waren direkte ↑ Inkorporationen, also Übernahmen in den Traum, (z.B. Bett, Brüste, Penis) selten, dagegen wiesen die Träume nach dem Film vermehrt Penis-Symbole (z.B. Gewehr, Messer) und Vagina-Symbole (z.B. Tunnel, Schachtel) als die ↑ Baseline-Träume auf. Ein Film mit aversivem Inhalt (Beschneidungsritualen) führte ebenfalls kaum zu direkten Inkorporationen, allerdings war die Gefühlstönung deutlich negativer (Goodenough et al. 1975). Dies wurde von Lauer et al. (1987) bestätigt, allerdings zeigten sich die negativen Traumgefühle nur in den Träumen der ersten REM-Periode. Foulkes und Rechtschaffen (1964), De Koninck und Koulack (1975) und de Jong und Visser (1983) fanden keine vermehrten negativen Gefühle nach einem aversiven Film. Nur 9 von 179 Träumen in der Studie von Foulkes und Rechtschaffen erhielten Elemente des Vorabendfilms.

Statt eines Filmes spielten De Koninck und Brunette (1991) ihren weiblichen Versuchspersonen, die leichte Ängste vor Schlangen hatten (Teilnahmekriterium), eine Geschichte über Tonband vor. Davon gab es verschiedene Varianten: eine positiv getönte (ruhig, schönes Wetter, das Tier sehen) oder eine negativ getönte (ungemütliches Wetter, Schreck bekommen, über das Tier stolpern), in denen jeweils entweder eine Schlange oder ein Eichhörnchen vorkamen. Die Tiere der Geschichte tauchten nicht direkt in den Träumen der Probandinnen auf; auch die Variation Eichhörnchen vs. Schlange zeigte keinen Effekt auf den Trauminhalt in dem Sinne, dass die Schlangengeschichte zu mehr Ängsten im Traum führte. Die allgemeine Gefühlstönung der Geschichte hatte jedoch unabhängig vom Inhalt den erwarteten Einfluss: Die negative Geschichte führte zu negativeren Träumen, die positive zu positiveren Träumen. Diese Manipulation war sogar effektvoller als das Betrachten einer lebendigen Schlange vor dem Einschlafen (De Koninck / Brunette 1991).

Kernaussage

Insgesamt zeigen die Studien zur experimentellen Manipulation, dass konkrete Trauminhalte nicht so einfach zu beeinflussen sind, während die Gefühlstönung von Träumen sensibler auf die experimentelle Bedingung anspricht.

Da die Untersuchungen zur experimentellen Beeinflussung von Trauminhalten durch Filme oder Suggestionen keine großen Effekte gezeigt haben, hat man in Feldstudien die Auswirkung von realen Stressoren und Lebensereignissen auf die Träume untersucht. Die Feldstudien verlassen die künstliche Laborumgebung und erfassen Wachleben und Träume per Tagebuch, Fragebogen oder Interview. Die gewonnenen Daten werden miteinander in Beziehung gesetzt. Sowohl Tagesgeschehen als auch Träume können dabei von Tag zu Tag beziehungsweise Nacht zu Nacht erfasst werden, etwa um zu prüfen, wie viele Tage später welches Ereignis tatsächlich im Traum auftaucht (intraindividuelle Fluktuationen).

Zwei sehr gute Studien wurden von Breger, Hunter und Lane (1971) durchgeführt. Sie konnten die nachhaltige Auswirkung einer Gruppentherapie nachweisen, da die Versuchspersonen sehr häufig von den sehr intensiven Sitzungen träumten. In der zweiten Studie untersuchten sie die Träume von fünf Personen, die vor einer wichtigen Operation standen (z. B. wegen Magengeschwür, Darmtumor, Gallenblase). Der folgende Beispieltraum eines 34-jährigen Mannes, der einer bevorstehenden Magenoperation ängstlich entgegensah, soll verdeutlichen, wie der subjektive Stress vor der Operation in den Traum Eingang finden kann.

Traumbeispiel

„Ich war im Krankenhaus und dort war ein älterer Patient, der mit mir hinausgehen wollte. Wir gingen dorthin, wo mein Auto auf dem Parkplatz eingeschlossen war. Und dieser Ort war nicht beim Krankenhaus, es war dort, wo ich aufgewachsen bin. Und dieser Mann war an ein Bett gekettet, dort wo unser Auto stand, und ich hatte etwas Angst, ins Auto zu steigen, da ich befürchtete, daß der Mann mich festhalten könnte. Nein, das Auto war angekettet, nicht der Patient. Es sah so aus, als müßte ich diese Kette lösen, bevor ich das Auto benutzen könnte. Ja, das war es. Der Patient lag im Bett und ich dachte, daß er nicht aufstehen konnte, weil er mich festhielt, fast wie einen Hund, der an der Leine zieht …“ (Breger et al. 1971, 132–133; eigene Übersetzung)

Es waren durchschnittlich 0,42 Elemente mit direktem Bezug zur Operation in den 49 Träumen vor der Operation vorhanden im Vergleich zu 0,13 Elementen in den 45 Träumen nach der Operation. Hier zeigte sich also ein deutlicher Einfluss der Ängste des Wachzustands auf den Traum.

Auch Lebensereignisse wie Scheidung (Cartwright et al. 1984; Proksch / Schredl 1999) und Schwangerschaft (Backe 2004) zeigten deutliche Einflüsse auf die Trauminhalte der betroffenen Personen. Ganz besonders deutlich wird der Effekt bei Traumata, d. h. bei schwerwiegenden negativen Erlebnissen wie sexueller Missbrauch, Kriegserlebnisse, Naturkatastrophen usw. Terr (1981) untersuchte beispielsweise 25 Kinder, deren Schulbus gewaltsam entführt worden war. Sie wurden 27 Stunden festgehalten, bevor sie sich befreien konnten. Die Alpträume, aber auch das Spielverhalten und Zukunftsängste, spiegelten das erlebte Trauma wider. Holen (1990) untersuchte 72 Überlebende eines Bohrinselunglücks. In dem Jahr nach dem Unglück gaben 22,5 % an, dass Alpträume einmal pro Woche oder häufiger aufgetreten sind, bei 25,4 % gab es Alpträume öfter als einmal im Monat, während

21,1 % gelegentlich Alpträume hatten und 31,0 % keine Alpträume angaben. Nach fünf Jahren war die Alptraumhäufigkeit deutlich gesunken, nur 14 % der Probanden gaben Alpträume an. Die Inhalte der Träume spielten Szenen des Unglücks zum Teil so wieder, wie sie erlebt wurden, teilweise jedoch auch in abgewandelter Form. Ein häufiges Auftreten von Alpträumen war insgesamt mit einer beeinträchtigten Lebensqualität, psychischen Beschwerden und einer erhöhten Anzahl von Krankheitstagen verbunden.

Schredl und Piel (2006) werteten Daten zu Traumthemen von vier repräsentativen Studien aus, die das Institut für Demoskopie in Allensbach 1956, 1970, 1981 und 2000 durchgeführt hatte. Insgesamt sank für die Gesamtgruppe die Häufigkeit von kriegsbezogenen Traumthemen von 20 % (1956) auf 10 % (2000). Im Jahr 2000 gaben 17,3 % der über 60 Jahre alten Personen an, vom Krieg (Fliegerangriffe, Feuer an der Front, Kriegsgefangenschaft, Flucht, Angst vor einem neuen Krieg) zu träumen; deutlich häufiger als die Personen unter 60 Jahren (7 %).

Kernaussage

Die Feldstudien zeigen also recht eindrücklich, dass einschneidende und belastende Lebensereignisse das Traumleben sehr stark und sehr langfristig beeinflussen können.

Kontinuität – Ein Modell

Als Abschluss dieses Kapitels soll ein Modell vorgestellt werden, das dazu dienen kann, die Forschung auf diesem Gebiet zu stimulieren und Studien gezielter planen zu können. Dazu werden zunächst die wichtigsten Faktoren, die die den Zusammenhang bzw. die Kontinuität zwischen Wach und Traum beeinflussen können dargestellt.

- Exponentielle Abnahme mit der Zeit
- Emotionale Beteiligung
- Art der Wachtätigkeit
- Persönlichkeitsfaktoren
- Zeit zwischen Einschlafen und Traumbeginn

Einige Studien (Botman / Crovitz 1989-90; Strauch / Meier 1992) haben gezeigt, dass die Inkorporationsrate von Wacherlebnissen in den Traum mit zunehmendem Zeitintervall zwischen dem Auftreten im Wachleben und dem Auftreten des Traumes exponentiell abnimmt. Die unterschiedlichen Befunde im Hinblick auf experimentellen Stress und „realen" Stress und die Studien zum Einfluss von Traumata auf Träume legen nahe, dass eine hohe emotionale Beteiligung die Wahrscheinlichkeit, von diesem Wachereignis zu träumen, beeinflusst. Drei Studien (Hartmann 2000; Schredl 2000; Schredl / Hofmann 2003) konnten zeigen, dass Wachtätigkeiten wie Lesen, Arbeiten am Computer, Schreiben und Rechnen vergleichsweise seltener im Traum auftreten als Leute treffen, Autofahren, Telefonieren; diese Befunde sprechen dafür, dass die Art der Wachtätigkeit ebenfalls einen Einfluss auf die Inkorporationsrate hat. Die Zeit zwischen Schlafbeginn und Auftreten des Traums in der Nacht wurde von zwei Studien (Verdone 1965; Roussy et al. 1998) ebenfalls als Einflussfaktor identifiziert: Träume aus der zweiten Nachthälfte enthielten mehr Zeitbezüge zu Elementen, die weiter zurück lagen, als Träume aus den frühen ↑ REM-Phasen der Nacht. Der letzte Faktor, die Interaktion zwischen Persönlichkeit und ↑ Inkorporation von Wachereignissen in Träume, wurde bisher kaum untersucht. Möglicherweise sind ↑ Persönlichkeitsdimensionen wie „Feldabhängigkeit" (Baekeland et al. 1968) oder „Dünne Grenzen" (Schredl et al. 1996) von Bedeutung.

Aufgrund dieser Befunde lässt sich folgendes Modell formulieren (Schredl 2003a) (s. Tabelle 10).

Tabelle 10: Mathematisches Modell zur Beschreibung des Zusammenhangs zwischen Wach und Traum

Inkorporationsrate = a (EI, TYPE, PERS) x $e^{-b(TN) \times t}$ + Konstante	
▪ a (EI, TYPE, PERS)	▪ Muliplikativer Faktor, der abhängig ist von der Emotionalen Beteiligung (EI), der Art der Wachtätigkeit (TYPE) und von Persönlichkeitsaspekten (PERS).
▪ b (TN)	▪ Steigung der Exponentialfunktion, die abhängig von der Zeit zwischen Einschlafen und Traum (TN).
▪ t	▪ Zeitintervall zwischen Wacherlebnis und dem Auftreten der Trauminkorporation

Kernaussage

Das Ziel, das der Formulierung dieses Modells zugrunde liegt, und sein Vorteil liegen klar auf der Hand:
Im Gegensatz zu der vage definierten Kontinuitätshypothese des Träumens, die einfach besagt, dass Wacherleben im Traum widergespiegelt wird, erlaubt dieses Modell die Ableitung von spezifischen, empirisch prüfbaren Hypothesen. Die zukünftige Forschung wird zeigen, ob dieses Modell um weitere Faktoren ergänzt werden muss.

Träume unter der „Schlaflabor-Lupe“

6

Drei Themen werden in diesem Kapitel vorgestellt. Erstens wird die Frage beantwortet, wie stark Träume durch die Untersuchungstechnik, sprich das Schlaflaborsetting (↑ Setting), beeinflusst werden. Im nächsten Abschnitt werden Studien zur Beeinflussung von Träumen durch äußere Reize behandelt, die klar zeigen, dass das Gehirn und das Bewusstsein keineswegs „schlafen“. Im letzten Abschnitt werden Studien zur sogenannten Körper-Seele-Interaktion vorgestellt. Der Schlaf als äußerlich ruhiger Zustand bietet exzellente Möglichkeiten zu untersuchen, ob die Traumerlebnisse, z. B. Angst, oder auch die Änderungen der Blickrichtung im Traum mit den physiologisch messbaren Größen wie Pulsschlag oder ↑ EOG (Augenbewegungen) in Verbindung stehen. Wie in Kapitel 1 bereits ausgeführt wurde, ist es wichtig, zwischen subjektivem Erleben (Träume) und der objektiv messbaren Ebene (Physiologie) zu unterscheiden; umso spannender ist es, die Interaktionen dieser beiden Ebenen zu ergründen.

Laborbezug von Träumen

Es wird bei Schlaflaboreffekten zwischen direkten und indirekten Bezügen zur Laborsituation unterschieden. Unter direkten Bezügen versteht man Elemente wie Schlaflabor, Elektroden, Versuchsleiter / Versuchsleiterin. Bei indirekten Bezügen werden zusätzlich noch Dinge wie Labor allgemein, Teilnahme an einem Versuch, schlafen, träumen, gewertet. In Tabelle 11 ist eine Auswahl von Studien zu diesem Thema aufgelistet, die eine Zeitspanne von über 30 Jahren abdecken.

Schließt man alle Träume in die Analyse ein, so ergibt sich ein Mittelwert von 19,4 % bei 2464 Träumen, die einen direkten Bezug zur Laborsituation haben. Wenn die indirekten Bezüge hinzugenommen werden, liegt der Wert sogar bei 38,4 %. Das folgende Beispiel stammt von einer ↑ REM-Weckung aus unserem Labor:

Tabelle 11: Laborbezüge (Referenz) von REM-Weckungsträumen

Studie	Träume	direkt. Referenz	dir. + ind. Referenz
▪ Roussy et al.(1996)	64	6.2 %	–
▪ Baekeland (1969b)	81	7,4 %	32,2 %
▪ Hall (1967)	559	14,2 %	–
▪ Cartwright et al. (1969)	179	16,8 %	–
▪ Hauri (1970)	164	17,6 %	–
▪ Corsi-Cabrera et all. (1986)	70	20,0 %	–
▪ Fukuma (1969)	378	21,0 %	–
▪ Piccione et al. (1976)	754	–	34,0 %
▪ Dement et al. (1965)	695	21,9 %	37,3 %
▪ Domhoff / Kamiya (1964)	163	30,0 %	–
▪ Strauch / Meier (1992)	112	–	51,8 %
▪ Whitman et al. (1962)	111	32,0 %	68,0 %

Traumbeispiel

„Ich hab gerade geträumt, dass ich nicht schlafen kann und dann, dass ich die ganze Nacht nicht mehr geschlafen hätte und dass dann am Morgen die Schwestern gekommen sind, und die haben dann auf die Karte geguckt, diese Schlafkarte, die Sie mir auch gezeigt haben, diese Kurve, und da hat gestanden, dass ich noch mal eingeschlafen wäre und dann hab ich gesagt: Das stimmt gar nicht, ich habe die ganze Nacht wach gelegen. Also ich hatte das Gefühl, dass das überhaupt nicht gestimmt hat, mit dieser Kurve. Da hab ich auch noch geträumt, dass ich auf die Toilette gehe, und dann weiß ich noch, dass ich gedacht habe, ich hab seit 4 Uhr nicht mehr geschlafen. Also, es hat halt ganz anders ausgesehen als hier, ganz viele Leute in dem Labor, die schlafen, nicht nur ich oder zwei, drei Leute, sondern ganz viele."

Unter dem methodischen Gesichtspunkt wird hier sehr deutlich, dass dies ein „künstlicher" Traum ist, d.h., so etwas würde die Person zu Hause in ihrer gewohnten Umgebung nicht träumen.

Domhoff und Kamiya (1964) schlüsselten die einzelnen Inhalte von 219 Laborträumen weiter auf: 20,1 % experimentelle Situation, 11,4 % Versuchsleiter, 5,9 % Schlaflaborräume, 1,8 % ↑ EEG-Ableitegerät und 4,1 % Elektroden.

Der Blick auf Tabelle 11 zeigt auch, dass die Rate, mit der die Laborumgebung im Traum auftaucht, von Studie zu Studie schwankt. Zunächst zeigte sich in einigen Studien, dass Psychologen und Therapeuten bei den Weckstudien mehr Laborelemente in ihren Träumen aufwiesen als die Studierenden (Hall, 1967). Wahrscheinlich ist für Studierende die Versuchsteilnahme eher normal, während für die „Professionellen" ungewohnter war, von Kollegen mitten in der Nacht nach Träumen befragt zu werden. Einige der hohen Zahlen hinsichtlich der Laborelemente stammen von sehr frühen Studien (Anfang der 1960er Jahre). Whitman et al. (1962), Domhoff/Kamiya (1964) und auch Strauch (1965) wiesen darauf hin, dass die Versuchspersonen Ängste bezüglich des Ableiteprozederes äußerten. So träumte eine Person, dass eine Maschine an Ohren und Mund angeschlossen wird und dass Wasser in sie hineingepumpt wird. Es ist sehr wahrscheinlich, dass das wachsende Wissen über die experimentelle Schlaf- und Traumforschung sowie die Berichterstattung in den Medien über Schlafstörungen und deren Behandlung im Schlaflabor dazu beigetragen haben, dass die Versuchspersonen Untersuchungen im Schlaflabor viel entspannter durchlaufen.

Kernaussage

Im Vergleich zu Laborträumen waren Elemente der Versuchsteilnahme in Tagebuchträumen (N = 264) nur in 0,8 % vorhanden (Hall, 1967). Ein Beleg dafür, dass Traumtagebücher gut geeignet sind, die Alltagsträume zu erfassen.

Einfluss externer Reize auf den Traum

Fast jeder Mensch kennt aus der eigenen Erfahrung Träume, in denen äußere Reize wie Wecker- und Telefonklingeln oder Katzenmiauen im Traum eine Rolle spielen. Für die Forschung sind diesbezügliche Experimente sehr interessant, weil sie zeigen, dass und wie Reize vom schlafenden Gehirn verarbeitet werden. Mit der Methode der ↑ evozierten Potenziale etwa (Bastuji / Garcia-Larrea 1999) konnte festgestellt werden, dass die Sinneskanäle während des Schlafes nicht „abgeschaltet“ sind, sondern die entsprechenden Gehirnareale die Reize aufnehmen und zum Teil weiterverarbeiten. Und wenn z. B. ein Ton einer Tonfolge selten vorkommt (Neuheitseffekt) so reagiert das Gehirn anders als auf gewohnte Reize (genauso wie im Wachzustand).

Die Versuche zur Reizverarbeitung sind recht einfach aufgebaut. Im Schlaflabor wird so lange gewartet, bis sich die Versuchsperson im ↑ REM-Schlaf befindet. Dann wird ein Reiz gesetzt (siehe Tabelle 12), die Versuchsperson dann nach einer definierten Zeit (etwa eine Minute) geweckt und nach dem Traum gefragt. Dabei wird schon eine Schwierigkeit dieser Versuche deutlich: Ist der Reiz zu stark, wird die Person geweckt, und der Reiz kann nicht in den Traum integriert werden. Ist der Reiz zu schwach, findet überhaupt keine Beeinflussung statt. Ein weiteres Problem stellt die Messung der ↑ Inkorporation dar. Wenn die Inkorporation so aussieht wie in dem folgenden Beispiel, ist die Zuordnung einfach.

Traumbeispiel

„Ich träumte, dass ich im Golden Gate Park war. Ich ging in der Nähe von Gardenien (Blumen). Sie hatten sich gerade geöffnet. Plötzlich konnte ich die Gardenien riechen, aber sie rochen wie Zitronen und nicht wie Gardenien.“ (Stimulus: Frisch aufgeschnittene Zitrone; Trotter et al. 1988, 95; eigene Übersetzung)

Wenn allerdings zum Beispiel während des Schlafes Weinen eines Säuglings vorgespielt wird und der Traumbericht laut quietschende Geräusche beim Gehen enthält (Beispiel aus Strauch / Meier 1992), stellt sich die Frage, ob das eine Abwandlung des Reizes darstellt oder ganz zufällig in dem Traum aufgetaucht ist. Diese Unsicherheit lässt sich durch statistische Analysen entkräften, indem man zusätzlich Weckungsträume ohne vorhergehende Stimulation erfasst und mit den Träumen nach einer Stimulation vergleicht. Alle Elemente, die in Letzteren signifikant häufiger auftreten, sind mit hoher Wahrscheinlichkeit

Tabelle 12: Einfluss von externen Reizen auf den Traum

Autoren	Reiz	N = [1]	Rate [2]
▪ Dement / Wolpert (1958)	Sinus-Ton (1000 Hz)	35	9 %
	Lichtblitze	30	23 %
	Wasser auf Haut gesprüht	33	42 %
▪ Trotter et al. (1988)	Geruchsreize	79	19 %
▪ Leslie / Ogilvie (1996)	Schaukeln des Bettes	45	25 %
▪ Hoelscher et al. (1981)	neutrale Worte	59	11 %
	bedeutsame Worte		34 %
▪ Berger (1963)	eigener Name	45	40 %
▪ Nielsen et al. (1993)	leichte Schmerzreize	42	31 %
▪ Koulack (1969)	Elektroschocks am Daumen	99	56 %
▪ Nieslen (1993)	Druckreiz durch Blutdruckmanschette am Bein	28	87 %

[1] Anzahl der durchgeführten Reizungen; [2] Inkorporationsrate

auf die Stimulation zurückzuführen. In der Tabelle 12 sind verschiedene Studien dargestellt, die ganz unterschiedliche Reize angewendet haben.

Betrachtet man die Ergebnisse der verschiedenen Studien, so zeichnen sich zwei mögliche Einflussfaktoren auf die Inkorporationsrate ab. Taktile Reize, z. B. Wasserstrahl, Elektroschocks, Druckreize, zeigen die höchsten Raten. Eventuell lässt das auf eine höhere Wichtigkeit „naher“ Reize schließen, was vom phylogenetischen (stammesgeschichtlichen) Standpunkt her plausibel scheint, da solche Reize für den schlafenden Organismus eventuell bedrohlicher sind als „ferne“ Reize. Des Weiteren scheinen bedeutsame Reize, z.B. der eigene Name (Berger, 1963) oder Wörter, die mit den momentanen Wachproblemen in Verbindung stehen (Hoelscher et al., 1981) zu höheren Inkorporationsraten zu führen als neutrale Reize. Dies stützt die Annahme, dass im REM-Schlaf Informationsverarbeitung stattfindet.

Trotter et al. (1988) verwendeten zur Geruchsstimulation positive Reize (z.B. Kaffee, Zitrone, Schokolade, Rosen) und aversive Reize (z.B. Kot, kalten Zigarettenrauch). Die Qualität des Reizes hatte jedoch keinen Einfluss auf die Inkorporationsrate und die Gefühlstönung der Träume.

Eine sehr aufwändige Studie führten Rechtschaffen und Foulkes (1965) durch. Sie ließen insgesamt drei Versuchspersonen mit offenen Augen schlafen, in dem diesen die Augenlider nach oben geklebt wurden. Durch besondere Geräte musste dafür gesorgt werden, dass die Augen nicht austrockneten. In 30 Durchläufen wurde während der REM-Phase je ein Dia gezeigt. Nur in einem Traumbericht nach Weckung im Anschluss an die Diastimulation zeigte sich eine leichte Ähnlichkeit der Traumbilder mit dem Diainhalt. Das bedeutet, dass Reize von der Netzhaut der Augen kaum Eingang in den Traum finden.

Trauminhalt und Physiologie

In einer Reihe von Schlaflaborstudien wurde untersucht, ob der Trauminhalt etwas mit den physiologischen Vorgängen im Körper zu tun hat. Die Ergebnisse von Studien zu den in der folgenden Übersicht aufgeführten Themen geben auch Aufschluss darüber, ob das Träumen tatsächlich während des Schlafes stattfindet (Kramer 2007):

- REM-Schlafdauer und Traumzeit
- Trauminhalt und Augenbewegungen
- Trauminhalt und Gehirnaktivität
- Trauminhalt und EMG (Elektromyogramm)
- Trauminhalt und autonome Parameter

Alfred Maury (1861), ein französischer Traumforscher der ersten Stunde, hatte einen langen Traum von der französischen Revolution, der damit endete, dass er zur Guillotine geführt wurde. Gerade in dem Moment als das Fallbeil seinen Nacken berührte, wachte er auf, weil die Vorhangsschiene seines Bettes auf seinen Nacken gefallen war. Er folgerte daraus, dass der Traum im Aufwachprozess in Sekundenschnelle rückwärts gerichtet entsteht. Wenn allerdings die Schlafphysiologie etwas mit dem Träumen zu tun hat, ist die Entstehung der Träume im Aufwachen extrem unwahrscheinlich.

Bei dem Thema ↑ REM-Schlafdauer und Traumzeit geht es um die Frage, ob die subjektiv erlebte Zeitdauer im Traum in etwa mit dem Erleben des Wachzustandes übereinstimmt. Dement und Kleitman (1957) weckten ihre Versuchspersonen in zufälliger Abfolge entweder nach 5 Minuten oder nach 15 Minuten REM-Schlaf. Die Teilnehmer der Studie sollten dann nicht nur die Träume berichten, sondern auch einschätzen, welche Zeitspanne während des Traums vergangen ist. Von 111 Weckungen mit Traumbericht wurde in 83 % der Fälle eine richtige Einschätzung abgegeben. In einer Studie mit einer ambulanten Messeinheit („Nightcap“) konnten Hobson und Stickgold (1995) zeigen, dass die Länge der Tagebuchträume nach Spontanerwachen aus dem REM-Schlaf mit der vorangegangenen REM-Periodendauer in Beziehung steht. Eine REM-Periodendauer von 0 bis 15 Minuten führte zu einer mittleren Berichtlänge von 220 Wörtern, bei 15 bis 30 Minuten zu 330 Wörtern und 30 bis 45 Minuten zu 510 Wörtern. Bei 45 bis 60 Minuten sank die Zahl auf 350 Wörter ab. Hier handelt es sich eventuell um einen Deckeneffekt; das bedeutet, dass das Maximum dessen, was erinnert werden kann, erreicht sein könnte. Diese Ergebnisse bestätigen einen Zusammenhang zwischen subjektiver Traumzeit und Dauer der vorangegangenen REM-Phase. Kritische Geister könnten nun die Frage stellen, wie das sein kann, da ja während des ganzen Schlafes, und nicht nur in den REM-Phasen, geträumt wird. Dazu sind die Studien von Jovanovic (1967) interessant, der bei Weckungen direkt zu Beginn der REM-Phase Berichte von Traumanfängen erhielt. So ist zu vermuten, dass Träume immer wieder neu anfangen, z. B. bei einer Körperbewegung wie der Drehung im Bett (Dement / Wolpert 1958) oder bei dem Wechsel von einem Schlafstadium in ein anderes.

Schon 1892 hat Ladd vermutet, dass Trauminhalte und tatsächliche Augenbewegungen im Schlaf (unter den geschlossenen Augenlidern) zusammenhängen. Diese Hypothese wird als „Scanning-Hypothese“ bezeichnet. Erst mit der modernen Schlaflabortechnologie, die neben den Gehirnströmen (↑ EEG) auch die Augenbewegungen (↑ EOG) erfasst, konnte die Hypothese systematisch untersucht werden.

Dement und Wolpert (1958) teilten 105 Traumberichte danach ein, ob die letzte Traumszene eher aktiv (viel gesehen) oder passiv (etwas aus der Ferne gesehen, ruhiges Gespräch) war. Ebenso verfuhren sie mit den EOG-Aufzeichnungen der REM-Phase vor Weckung. Die Einteilungen, die unabhängig voneinander vorgenommen wurden, stimmten in 74 % der Fälle überein; ein statistisch hoch bedeutsames Ergebnis. Obwohl einige Studien die Befunde replizieren konnten, war in anderen Studien der Zusammenhang sehr schwach (z. B. Firth / Oswald 1975). Bei einer Studie aus jüngerer Zeit (Hong et al. 1997), wurde die Anzahl der Wörter mit Bezug zu visuellem Erleben ausgewertet. Trotz einer kleinen Traumstichprobe (N = 11) zeigte sich eine signifikante ↑ Korrelation dieser visuellen Skala und der Augenbewegungen, die sechs Minuten vor der Weckung aufgetreten sind.

Um einen direkteren Vergleich von Trauminhalten und Augenbewegungen zu ermöglichen, wählten Roffwarg et al. (1962) den folgenden Ansatz: Nach der Weckung wurden die Versuchspersonen von einem Versuchsleiter, der die parallel laufende EOG-Aufzeichnung nicht kannte, zum Trauminhalt (der letzten 10 bis 20 Sekunden) befragt. Dieser Interviewer, der sich mit Augenbewegungsmustern zu bestimmten Tätigkeiten auskannte, stellte dann eine Vorhersage auf, welche Augenbewegungsmuster er in der Aufzeichnung erwarten würde. Das folgende Beispiel soll diese Vorgehensweise verdeutlichen.

Traumbeispiel

„… das Letzte, an das ich mich erinnern kann, ist, dass ich auf einen kleinen Zettel schaue, den ich etwa auf Brusthöhe halte. Ich versuche – langsam und holprig –, bei jedem Wort verweilend, etwas zu übersetzen, was wie drei Zeilen eines französischen Gedichts aussieht. Es dauerte 20 oder 30 Sekunden, ungefähr. Ich kann mich nicht daran erinnern, dass ich irgendwann von dem Zettel aufgeschaut habe. Nach meiner Erinnerung habe ich wirklich nur auf den Zettel geschaut.“ Vorhersage des Interviewers: „…relativ ruhige Augenbewegungen mit Ausnahme von einigen Blicken nach links – so als ob die Person eine Zeile beendet hat und zur nächsten übergeht.“ (Roffwarg et al. 1962, 240; eigene Übersetzung).

Dass der Interviewer keine sehr langsamen Bewegungen nach rechts vorhergesagt hat, liegt daran, dass die Standardaufzeichnung der Augenbewegungen mittels eines EOG-Gerätes nur Wechselströme verarbeitet und kleine, langsame Augenbewegungen sowie die absolute Position der Augäpfel nicht gemessen werden können. Im obigen Beispiel zeigte die EOG-Aufzeichnung drei kleine, aber schnelle Augenbewegungen nach links (im Abstand von 22 Sekunden, 8 Sekunden und 0,5 Sekunden vor der Weckung). Insgesamt findet sich für 80 % der gut erinnerten Träume eine Übereinstimmung zwischen Blickrichtungsänderungen im Traum und EOG-Muster. Jacobs et al. (1972) erreichten mit derselben Methode jedoch nur eine Übereinstimmung von 18 %. Für Träume, bei denen sich die Beurteiler in ihrer Einschätzung recht sicher waren, wurde von Hermann et al. (1984) eine gute Übereinstimmung gefunden. Das lässt vermuten, dass es ‚einfache‘ und ‚schwierige‘ Träume gibt, was die Erfassung von Blickrichtungen angeht.

Kernaussage

Es scheint so, dass die Scanning-Hypothese durch die Studien nur zum Teil bestätigt werden konnte. Nimmt man die Befunde aus der Erforschung luzider Träume hinzu (hier gelingt es eindeutig, ausgeführte Augenbewegungen im EOG zu identifizieren; siehe Kapitel 8) lässt sich vermuten, dass die Augenbewegungen der schlafenden Person nur zum Teil mit den Blickwechseln im Traum zu tun haben. Aber möglicherweise gibt es auch spontane Augenbewegungen ohne direkten Zusammenhang zum Traum.

Bisher sind wenige Studien zu dem Zusammenhang zwischen Trauminhalten und Gehirnaktivität durchgeführt worden. So konnten z. B. Etevenon und Guillon (1986) eine Aktivierung (erfasst durch EEG) im linken ↑ Motorkortex bei zwei Traumberichten mit starker Betätigung der rechten Hand nachweisen. Ein Zusammenhang zwischen Handaktivität und EEG konnten auch Erlacher, Schredl und LaBerge (2003) für luzide Träume (siehe Kapitel 8) zeigen. Die Studie von Hong et al. (1996) untersuchte den Zusammenhang zwischen geträumter Sprechaktivität oder geträumtem Zuhören und dem EEG. Der Vorteil dieser Aktivitäten liegt darin, dass sie in relativ eng umgrenzten Gebieten des Gehirns (Wernicke-Zentrum: Zuhören; Broca-Zentrum: Sprechen) im Gehirn lokalisiert und somit gut messbar sind. Für zwölf Träume nach Weckungen aus der 2. REM-Phase wurde die Anzahl der Wörter, die mit Zuhören bzw. mit Sprechen zu tun hatten, ausgewertet. Tatsächlich war bei viel Sprechen im Traum eine α-Blockade über dem Broca-Zentrum nachzuweisen und bei viel Hören eine α-Blockade über dem Wernicke-Zentrum. Wobei die α-Blockade als Zeichen der Aktivierung verstanden wird. Da nur eine Versuchsperson untersucht wurde, wären hier weitere Studien wünschenswert.

Um die Frage zu beantworten, welche Gehirnareale bei welchen Trauminhalten bzw. Traumaktivitäten aktiv sind, wird man auf die Weiterentwicklung der bildgebenden Verfahren warten müssen. Denn während die entsprechende Fragestellung in vielen Studien für den Wachzustand untersucht wird – durch funktionelle Magnetresonanztomografie (fMRT) –, sind der Anwendung dieser Technik auf den Schlaf noch Grenzen gesetzt: Die Geräuschentwicklung bei dieser Untersuchungsmethode ist sehr hoch, und außerdem muss der Kopf der schlafenden Person mittels einer Haube fixiert werden, um Bewegungen auf ein Minimum zu reduzieren. Allerdings ist es einer Arbeitsgruppe (Wehrle et al. 2005) bereits gelungen, im REM-Schlaf Kernspintomografie mit EEG-Ableitetechnik zu kombinieren.

Im REM-Schlaf wird die Weiterleitung der Impulse aus dem Motorkortex vom Hirnstamm aktiv blockiert, sodass der Muskeltonus (Muskelspannung) im REM-Schlaf am niedrigsten ist. Dadurch werden (unter Umständen sehr gefährliche) Körperbewegungen während des Schlafes verhindert. Jouvet (1994) konnte an Katzen zeigen, dass sie sich während des REM-Schlafes bewegen, wenn die entsprechenden Hemmzentren im Gehirn vorher operativ beschädigt wurden. Auch Patienten mit einer sogenannten REM-Schlafverhaltensstörung weisen eine unvollständige Hemmung der Motorneurone auf, sodass es zu Bewegungen kommt (Schenck et al. 1986). Allerdings liegt auch bei Gesunden keine hundertprozentige Hemmung vor, sodass es möglich ist, mit Elektroden auf den Muskeln deren Aktivität zu messen – auch wenn diese nicht ausreicht, um das Bein oder den Arm tatsächlich zu bewegen – und den Zusammenhang zwischen Trauminhalt und Muskelaktivität zu untersuchen.

Wolpert (1960) leitete außer den üblichen Parametern mittels ↑ EMG noch die Muskelaktivität der Arme und Beine ab. Die Traumberichte nach Weckung wurden in aktive und ruhige Träume (viele vs. wenige Körperbewegungen im Traum) eingeteilt. Bei 34 Berichten gelang in 74 % der Fälle eine richtige Zuordnung von EMG-Muster (aktiv vs. passiv) und Traumbericht (aktiv vs. ruhig). In zwei Nachfolgestudien (Grossman et al. 1972; Gardner et al. 1975) konnte weitergehend differenziert werden, ob im Traum mehr Armaktivität (z. B. Gitarre spielen) oder Beinaktivität (z. B. laufen) vorkam; Aktivität zeigte sich in den entsprechenden Muskelgruppen. Obwohl diese Autoren Schwierigkeiten sehen, eine 1:1-Beziehung zwischen Muskelaktivität und Trauminhalt herzustellen (z. B. wegen hoher interindividueller Streuung), belegen die Ergebnisse deutlich einen Zusammenhang zwischen Physiologie und Trauminhalt.

Zum Schluss dieses Kapitels sollen nun noch Studien vorgestellt werden, die den Zusammenhang zwischen Trauminhalt und autonomen

Parametern wie Atemfrequenz, Herzschlag und sexuelle Erregung untersuchen. Aus physiologischen Studien zu Alpträumen (z. B. Fisher et al. 1970) geht hervor, dass starke Angstträume mit einem Anstieg der Herzfrequenz sowie schnellerer und flacherer Atmung einhergehen. Weitere Studien (Fahrion 1967; Hauri / Van de Castle 1973; Stegie et al. 1975) fanden jedoch keine eindeutigen Zusammenhänge zwischen den Traumemotionen und Parametern wie Herz- und Atemfrequenz, sodass hier mehr Fragen aufgeworfen als beantwortet wurden.

Eine direkte Korrelation zwischen Atmung und Trauminhalt konnte von Hobson et al. (1965) nachgewiesen werden; atembezogene Inhalte waren häufiger, wenn der Weckung aus dem REM-Schlaf eine Atempause vorangegangen war, und seltener bei Traumberichten aus Weckungen nach gleichmäßiger Atmung (32,8 % vs. 17,9 %). Ich selbst (Schredl 1998a) konnte ein eindrückliches Beispiel eines Patienten mit Schlafapnoe (wiederkehrende Atemstillstände während des Schlafes; Grenzwert 10 Apnoen pro Stunde) erfassen:

Traumbeispiel

Schlafapnoe: „Im Traum hatte ich das Gefühl festgebunden bzw. gefesselt zu sein. Ich sah dicke Seile an Armen und Beinen und konnte mich nicht bewegen. Ich fühlte Angst, ersticken zu müssen, ohne mir helfen zu können. Machtlosigkeit, aber auch Resignation machten sich breit.“ (Patient mit Schlafapnoe, 39 J.; 68,1 Apnoen pro Stunde, maximaler Sauerstoffabfall: 43 %; Schredl 1998a, 295)

Allerdings zeigte eine große Nachfolgestudie (Schredl et al. 2006), dass solche Alpträume bei dieser Patientengruppe, die teilweise dramatische Atemstillstände mit Sauerstoffabfall im Blut aufweist, eher selten vorkommen.

Erektionen treten bei Männern in sehr vielen REM-Phasen auf, sodass Fisher, Gross und Zuch (1965) von einem Wechselspiel zwischen physiologischen und psychologischen Faktoren ausgehen. Wahrscheinlich liegt den Erektionen ein physiologisch gesteuerter Prozess zugrunde, jedoch können psychische Faktoren (z. B. erotischer Trauminhalt oder Angst im Traum) modulierend auf das Ausmaß der Erektion einwirken. Der folgende Traumbericht eines jungen Mannes ist ein Beispiel dafür:

Traumbeispiel

(Zusammenfassung eines langen Traums): „Es wurde ein Fest bei einem wundervollen Haus gefeiert, als ein Damm brach und eine große Überschwemmung auftrat. Das Wasser lief in den Hof und in die Hofeinfahrt, und es war gefährlich. Es gab einen Sturm, und ein Wasserstrom floss direkt in das Haus, der Strom schwillt immens an und beginnt, die Einfahrt hinabzufließen. Das Wasser drückte ein Menge Leute in Ruderbooten hinaus auf die See und der Träumer ruderte mit seiner Freundin hinaus, um sie zu retten. Dann näherte er sich seiner Freundin, streichelte ihre Brüste. Gerade als der Summer anging, wanderte er mit seinen Händen hinunter zwischen ihre Beine.“ (Fisher 1966, 545; eigene Übersetzung)

Die REM-Phase dauerte etwa 18 Minuten und war zunächst von einem sehr geringen Ausmaß an Erektion geprägt; jedoch gegen Ende hin nahm die Erektion stark zu; offensichtlich in Zusammenhang mit den sexuellen Gefühlen im Traum. Die Analyse aller Traumberichte durch Fisher (1966) ergab, dass 8 von 30 Traumberichten mit Erektion in der REM-Phase einen erotischen Inhalt aufwiesen; 0 von 17 Berichten ohne Erektion hatten keinen erotischen Inhalt. Dieser Unterschied war statistisch bedeutsam. Zehn von 17 Berichten aus REM-Phasen ohne Erektion wiesen stark negative ↑ Affekte im Traum auf, gegenüber nur 5 von 30 Berichten mit Erektion, wieder ein signifikanter Unterschied. Ein Zusammenhang zwischen Trauminhalt und sexueller Erregung ließ sich also nachweisen. Das Phänomen der „feuchten Träume“ scheint nicht im Zusammenhang mit geträumter sexueller Aktivität zu stehen: Fisher (1966) befragte einen Mann, der einen nächtlichen Samenerguss im Schlaflabor hatte, nach seinem Traum, und erfuhr, dass dieser nur mäßig erotische Inhalte (Händchen halten) aufwies.

Kernaussage

Insgesamt belegen die Studien einen Zusammenhang zwischen dem Träumen als psychischer Aktivität und den physiologischen Vorgängen während des Schlafes. Allerdings sind noch viele Fragen unbeantwortet, sodass weitere Forschungsarbeiten abgewartet werden müssen.

Alpträume

7

Alpträume zählen zu denjenigen Erfahrungen, die fast jeder Mensch schon einmal in seinem Leben gemacht hat; 70 % bis 90 % aller jungen Erwachsenen können sich an Alpträume in ihrer Kindheit erinnern (Englehart / Hale 1990; Schredl et al. 1996).
Unter Alpträumen versteht man Träume, die einen so starken negativen ↑ Affekt aufweisen, dass dieser zum Erwachen der Träumerin / des Träumers führt. Für die therapeutische Herangehensweise ist es wichtig, Alpträume von anderen Angstphänomenen zu unterscheiden. Deshalb sind in Tabelle 13 die Charakteristika von drei unterschiedlichen Phänomenen des nächtlichen Erwachens mit Angst aufgelistet.

Der Pavor nocturnus (Nachtangst, Night terror) ist ein Aufschrecken aus dem Tiefschlaf und kann in Schlafwandeln übergehen. Das Gehirn ist nicht voll erwacht, meist sind die Personen nicht orientiert und ansprechbar. Wenn sie durch sanftes Zureden beruhigt werden und weiterschlafen, können sie sich fast nie an das nächtliche Geschehen erinnern. Von außen betrachtet ist die Angstreaktion jedoch beträchtlich.
Die posttraumatischen Wiederholungen gehen auf ein erlebtes Trauma (sexueller Missbrauch, Naturkatastrophe, Kriegserlebnisse) zurück und stellen einen Spezialfall dar, da sie sowohl im ↑ REM- als auch im ↑ NREM-Schlaf auftreten können (Wittmann et al. 2007).

Häufigkeit von Alpträumen

Obwohl davon ausgegangen werden kann, dass Alpträume bei Kindern und Jugendlichen häufiger auftreten (Schredl / Pallmer 1997), sind Alpträume bei Erwachsenen keine Seltenheit. In großen studentischen Stichproben berichten etwa 10 % der Personen, dass sie einmal pro Monat oder häufiger Alpträume haben (Belicki / Belicki 1986; Levin 1994). Wird ein Tagebuch als Erhebungsmethode verwendet, steigt die Alptraumhäufigkeit sogar auf über 50 % gegenüber den Angaben im Frage-

Tabelle 13 : Unterschiedliche Formen des nächtlichen Erwachens mit Angst

	Alpträume	Pavor nocturnus	posttraumatische Wiederholungen
Aufwachzeitpunkt	vorwiegend zweite Nachthälfte	vorwiegend erste Nachthälfte	sowohl als auch
Schlafstadium	REM-Schlaf	Tiefschlaf	REM-Schlaf oder normaler Schlaf
physiologische Angstreaktion	moderat	sehr stark	stark bis sehr stark
Trauminhalt	detaillierter Traum	fast kein Inhalt, evtl. ein bedrohliches Bild	relativ direkte Wiederholung der erlebten Situation
Orientierung nach Erwachen	häufig voll orientiert, auch wenn Traumangst bleibt	kaum orientiert, nicht ansprechbar	häufig voll orientiert, auch wenn Traumangst bleibt
Erinnerung am Morgen	Inhalte werden gut erinnert	keine Erinnerung an den nächtlichen Vorfall	Inhalte werden gut erinnert
häufigstes Auftreten im Alter von	6 bis 10 Jahren	3 bis 7 Jahren	ereignisabhängig

bogen an (Wood / Bootzin 1990). In repräsentativen Studien geben etwa 5 % der Erwachsenen an, dass sie unter Alpträumen leiden (Bixler et al. 1979; Cirignotta et al. 1983; Ohayon et al. 1997; Janson et al. 1995; Stepansky et al. 1998); Frauen weisen im allgemeinen mehr Alpträume auf als Männer. Dieser Geschlechtsunterschied wird deutlich ab dem Alter von zehn Jahren (Schredl / Pallmer 1998). Am häufigsten treten Alpträume bei Kindern zwischen sechs und zehn Jahren (Schredl / Pallmer 1997) auf, und die Häufigkeit nimmt bis zum hohen Alter stetig ab (Franke 1979; Salvio et al. 1992).

Alptraumthemen

Der häufigste ↑ Affekt, den Alpträume aufweisen, ist Angst / Furcht (Dunn / Barrett 1988), aber auch Traurigkeit, Einsamkeit, Ärger können eine Rolle spielen (Rose et al. 1992). Typische Inhalte von Alpträumen bei Kindern sind Verfolgung (50 %), eigener Tod oder Verletzung (20 %), Tod oder Verletzung anderer (15 %) und Fallen ins Bodenlose (10 %) (Schredl et al. 1996). Während häufig eine direkte Bedrohung des Traum-Ichs vorliegt, gibt Hearne (1991) an, dass auch das Beobachten von Gewalt / Horror in Alpträumen vorkommt. Der folgende Alptraum wurde von einem 11-jährigen Mädchen berichtet.

Traumbeispiel

„Einmal bin ich mit Mama spazieren gegangen und auf einmal kamen Panzer auf uns zu, und die schossen auf uns. Wir sind um unser Leben gerannt. Da waren meine Geschwister, und mit denen sind wir zu meiner Mutter und ihrer Freundin. Auf dem Weg dorthin wurden meine Schwester, meine Mutter und mein Bruder erschossen." (Traummaterial von Schredl / Pallmer 1998)

Werden die Aggressoren im Traum näher analysiert, so zeigt sich, dass in den Angstträumen der Kinder und Jugendlichen am häufigsten Menschen (36,2 %) die bedrohlichen Figuren darstellen, gefolgt von Phantasiewesen wie Monstern und Hexen (15,5 %) und Tieren (11,3 %). Ein interessanter Geschlechtsunterschied zeigt sich in den Träumen, in denen menschliche Aggressoren eine Rolle spielen (vgl. Tabelle 14).

Für Jungen und Mädchen sind männliche Unbekannte die häufigste Bedrohung, während Frauen nur 20 % der bedrohlichen Figuren aus-

Tabelle 14: Menschliche Aggressoren in Träumen von Kindern und Jugendlichen (Schredl / Pallmer 1998)

Aggressoren	Alle (n = 111)	Jungen (n = 35)	Mädchen (n = 76)
männlich, unbekannt	49,7 %	51,4 %	48,7 %
weiblich, unbekannt	3,6 %	0,0 %	5,3 %
männlich, bekannt	27,8 %	31,4 %	26,2 %
weiblich, bekannt	18,9 %	17,2 %	19,8 %

machen. Zwar gibt es keine systematischen Analysen dazu, doch scheint es plausibel, dass dieses Geschlechtsverhältnis unsere Wachrealität widerspiegelt – Männer verüben den Großteil aller Gewalttaten.

Ursachen von Alpträumen

Während man im 19. Jahrhundert davon ausging, dass Atemnot Alpträume verursacht (Boerner 1855), haben dies Untersuchungen an Schlafapnoe-Patienten, die Nacht für Nacht zum Teil massive Atemstillstände erleiden, nicht bestätigt (Schredl et al. 2006). Die möglichen Ursachen von Alpträumen lassen sich in mehrere Gruppen einteilen, die in der folgenden Übersicht dargestellt sind.

- genetische Faktoren
- „Dünne Grenzen"
- Neurotizismus, Ängstlichkeit
- Stress
- Trauma
- Medikamente
- Aufrechterhaltende Faktoren (Vermeidung)

Eine große finnische Zwillingsstudie belegt einen genetischen Effekt für das Auftreten von Alpträumen (Hublin et al. 1999).

Hartmann (1984, 1991) hat die Persönlichkeitsstruktur (↑ Persönlichkeitsdimensionen) von erwachsenen Personen mit häufigen Alpträumen untersucht und bezeichnet ein häufig vorkommendes Muster als dünne Grenzen.

Definition

Dünne Grenzen: Die betreffenden Personen sind sensibler, sehen sich anders als die anderen an, haben intensive, aber konfliktreiche Beziehungen, haben ungewöhnliche Sinneswahrnehmungen, üben nichtalltägliche Berufe aus und sind kreativ.

Diese Zusammenhänge konnten von anderen Studien bestätigt werden (Belicki / Belicki 1986; Hearne 1991; Levin 1994; Schredl et al. 1999). Interessanterweise korrelierte Ängstlichkeit nur sehr gering mit der Alptraumhäufigkeit in einer studentischen Stichprobe (Wood / Bootzin 1990), in einer Stichprobe von Jugendlichen jedoch sehr deutlich (Schredl et al. 1996). Für die Persönlichkeitsdimension Neurotizismus konnten eine ganze Reihe Studien einen Zusammenhang zur Alptraumhäufigkeit nachweisen (Levin / Fireman 2002; Schredl 2003b).

90 % der Stichprobe von Kales et al. (1980) geben an, dass Stress die Häufigkeit von Alpträumen erhöht, in 60 % der Fälle war ein belastendes Lebensereignis Auslöser für die Alpträume. Während die Daten von Kales et al. (1980) auf die subjektive Einschätzung der Patienten in Rückerinnerung auf frühere Stressphasen beruhten, zeigen eine Reihe von Studien, dass das Ausmaß des aktuell erlebten Stresses tatsächlich direkt mit der Alptraumhäufigkeit in Verbindung steht (z. B. Cirignotta et al. 1983; Koulack / Nesca 1992; Janson et al. 1995). In einer eigenen Analyse (Schredl 2003b) konnte ich nachweisen, dass der Zusammenhang zwischen Persönlichkeitsmaßen und Alptraumhäufigkeit verschwindet, wenn der aktuell vorliegende Stress in der statistischen Analyse kontrolliert wird. Das bedeutet, dass Personen mit hohen Neurotizismuswerten deshalb mehr Alpträume erleben, weil sie zum Zeitpunkt der Untersuchung stärker gestresst sind.

Nach Traumata treten vermehrt Alpträume auf (z. B. Terr 1981; Wood et al. 1992). Auch traumatische Ereignisse der Kindheit, z. B. sexueller Missbrauch, führen zu vermehrten Alpträumen im Erwachsenenalter (Garfield 1987; Draijer 1990). Nicht alle traumatischen Erlebnisse (z. B. Vergewaltigung) führen zum Vollbild der posttraumatischen Belastungsstörung, aber dennoch zu ausgeprägten Alpträumen und Schlafstörungen (Krakow et al. 1995a).

Eine weitere mögliche Ursache für Alpträume sind Medikamente. Zum Beispiel sind bei L-Dopa (Parkinsonmedikament; Bearden 1994),

Serotoninwiederaufnahmehemmern (Balon 1996), Donepezil (Medikament für Alzheimer Patienten; Ross / Shua-Hain 1998) und einigen Bluthochdruckmitteln (Hartmann 1984) Alpträume als Nebenwirkungen beschrieben.

Kernaussage

Die Entstehung von Alpträumen unterliegt einem Wechselspiel zwischen Veranlagungsfaktoren und aktuellen Stressoren. Da es sich um ein Angstphänomen handelt, spielt Vermeidung als aufrechterhaltender Faktor eine wichtige Rolle: Wenn man sich mit Ängsten nicht konfrontiert, sondern alle diesbezüglichen Situationen vermeidet, können sich die Ängste stabilisieren. Im Zusammenhang mit Alpträumen ist die kognitive Vermeidung („Das war ja nur ein Traum") häufig; viele wollen sich mit den Nachtängsten nicht auseinandersetzen und diese möglichst schnell vergessen (Schredl / Pallmer 1998). Dies bewirkt aber, dass sich die Alpträume verselbständigen und immer wiederkehren.

Therapie der Alpträume

In der Therapie der Alpträume haben sich Medikamente, z.B. Antidepressiva, nicht als wirksam erwiesen (Krakow / Neidthardt 1995). Aus dem Bereich der Verhaltenstherapie liegen kontrollierte Studien zur Wirksamkeit der systematischen Desensibilisierung vor (Celluci / Lawrence 1978; Miller / DiPilato 1983); d.h., das Erlernen einer Entspannungstechnik und die stufenweise Konfrontation mit den Alptraumängsten im Wachzustand bewirkte eine Abnahme der Alpträume. Ein einfacher und sehr effektiver Ansatz, der der kognitiven Therapie zugeordnet werden kann, wurde von der Arbeitsgruppe um Barry Krakow entwickelt und evaluiert (Krakow / Zadra 2006). Das Wirkprinzip (in drei Schritten) ist in der folgenden Übersicht dargestellt und gut vergleichbar mit effektiven Therapien von Wachängsten. Die Konfrontation mit der Angst, das Einüben und Trainieren neuer Verhaltensweisen steht z.B. auch bei der Therapie von Phobien im Vordergrund.

- Konfrontation: Aufschreiben oder Zeichnen des Traumes
- Bewältigung der Alptraumsituation: Neues Traumende schreiben bzw. das Bild mit etwas ergänzen, das zur Angstreduktion beiträgt

- Trainieren der Bewältigungsstrategie: An diesen „neuen“ Traum 2 Wochen lang ca. 5–10 Minuten pro Tag denken

Mit einem geringen Zeitaufwand von ein bis zwei Sitzungen, die häufig im Gruppensetting (↑ Setting) stattfinden (vier bis acht Personen), werden den Teilnehmern zunächst allgemeine Informationen zu Alpträumen und den damit möglicherweise verbundenen Schlafstörungen vermittelt. Die Patienten werden dann gebeten, einen Alptraum aufzuschreiben und diesen Alptraum in ihrer Vorstellung so zu verändern, wie sie es gerne möchten. Der veränderte Traum wird schließlich schriftlich fixiert. Dieser „neue“ Traum wird zu Hause über einen Zeitraum von ca. zwei Wochen täglich für ca. 5 bis 15 Minuten bewusst ins Gedächtnis geholt. In einer kontrollierten Studie (Krakow et al. 1995b) mit 39 erwachsenen Alpträumern zeigte sich eine bedeutende Abnahme der Alpträume nach einer therapeutischen Sitzung im Vergleich zu einer Warteliste-Kontrollgruppe. Die Alpträume verringerten sich zahlenmäßig, zudem besserte sich der Schlaf, und die Personen fühlten sich tagsüber besser. Ein deutlicher therapeutischer Effekt zeigte sich auch für Alpträumer, die die Anweisungen per Post erhielten und selbstständig anwendeten (Burgess et al. 1998).

Dieser kognitive Therapieansatz war effektiver als das Erlernen und die Anwendung einer Entspannungsmethode. Ähnlich wirksam war der kognitive Therapieansatz bei Frauen, die aufgrund von sexuellem Missbrauch an einer posttraumatischen Belastungsstörung litten; auch hier konnte diese einfache Methode zur Senkung der Alptraumhäufigkeit beitragen (Krakow et al. 2001a). In einer Gruppe von Jugendlichen zeigten sich ebenfalls positive Effekte (Krakow et al. 2001b). Das folgende Beispiel soll den Therapieansatz bei Kindern verdeutlichen:

Fallbeispiel: Ein Junge in unserer Schlafambulanz (F., 5 Jahre alt) hatte seit über einem Monat an nächtlichen Alpträumen gelitten. Davor sind Alpträume nur vereinzelt aufgetreten. Häufige Themen sind Gespenster, Schatten und schreckliche Monster. Er ruft nachts nach der Mutter und liegt manchmal ein bis zwei Stunden wach und kann nicht wieder einschlafen. Nach Aussage der Mutter sind ihr keine auslösenden Faktoren für die Alpträume bekannt. F. ist eher etwas ängstlich; eine somatische Erkrankung oder psychopathologische Auffälligkeiten lagen nicht vor.

Nach dem Gespräch über die Alpträume malte F. ein Bild mit zwei großen Gespenstern. Er selbst steht auf einer Burg, in der der Alptraum spielte. Die Angst kann aufgrund des Größenunterschieds zwischen Gespenstern und Traum-Ich leicht nachvollzogen werden. Auf die Frage, was ihm helfen könnte, weniger Angst zu haben, malte er eine Spinne zwischen sich und die Gespenster (siehe Abbildung 1), die ihn verteidigt (Ausrichtung der Spinne auf die Gespenster). Mit der Mutter fertigte er zu Hause noch einige Zeichnungen an, und der Junge beschäftigte sich unter Anleitung einmal am Tag mit einer dieser Zeichnungen. Nach Aussage der Mutter veränderten sich die Alpträume innerhalb der nächsten zwei Wochen stark: Obwohl die Themen der Träume sich kaum unterschieden, verlor sich der bedrohliche Charakter der Traumbilder. Der Schlaf normalisierte sich. In der Nachbefragung ein Jahr später zeigte sich, dass F. ca. noch einmal pro Monat einen Alptraum hatte, der ihn aber nicht sonderlich belastete. Für einige dieser Träume hat er selbst Lösungen gefunden (z.B. die Anwendung eines Zaubersprays). Inzwischen besteht er darauf, dass seine Träume ab und zu von der Mutter in das Traumbuch, das die Mutter in der Studienphase geführt hat, eingetragen werden.

Abbildung 1: Die Zeichnung zeigt den Alptraum eines 5-jährigen Jungen (riesige Gespenster) sowie die in kognitiver Therapie herbeigeführte Rettung (durch eine Spinne).

Auch das luzide Träumen (siehe Kapitel 8) kann sinnvoll zur Senkung der Alptraumhäufigkeit eingesetzt werden (Spoormaker / Van den Bout 2006). Allerdings ist die Zeit, in der das luzide Träumen erlernt wird, zum Teil sehr lang (mehrere Wochen).

Kernaussage

Obwohl der therapeutische Umgang mit Alpträume sehr einfach ist und auch von Betroffenen selbst angewendet werden kann, ist das Wissen darum sowohl bei Kinderärzten als auch bei Schlafmedizinern nicht sehr verbreitet (Schredl 2006), sodass in diesem Zusammenhang noch Aufklärungsarbeit zu leisten ist.

Luzide Träume

8

Definition

Die gebräuchlichste Definition für luzide Träume oder Klarträume ist, sich während des Traumes bewusst zu sein, dass man träumt (z. B. LaBerge 1987). Tholey und Utecht (1997) setzen strengere Kriterien und zählen vollständige Erinnerung an das Wachleben, Vollbesitz der intellektuellen Fähigkeiten und Wissen über die eigene Entscheidungsfreiheit hinzu.

In einer repräsentativen Umfrage (Stepansky et al. 1998) gaben 26 % der Personen an, diese Art des Bewusstseins während des Träumens zu kennen. Insgesamt machen Klarträume aber einen kleinen Teil des Gesamttraumlebens aus; nur 0,3 % bis 0,7 % der Träume enthalten diese Erkenntnis über den momentanen Bewussteinszustand (Barrett 1991; Zadra et al. 1992). Auch bei sehr interessierten Personen, die sich viel mit Träumen beschäftigen, liegt die Quote bei nur 6,5 % (Reed 1978). Das folgende Beispiel soll einen Eindruck geben, wie luzides Träumen entstehen kann.

Traumbeispiel

„Auf einem unbekannten Sportplatz übe ich mich im Weitsprung, wobei ich einen Sprung von 9 m mache. Ob ich die Zahl abgelesen habe oder unmittelbar weiß, habe ich nicht mehr in Erinnerung. Mir fällt ein, dass der jetzige Weltrekord etwas unter 8 m liegt und freue mich zunächst sehr. Da kommt mir der Gedanke, dass meine Bestleistung bei 4 m liegt und ich daher wohl träumen muss. Wie ich mir dies noch überlege, befinde ich mich plötzlich in einem Zimmer und sehe mich um. Dann gehe ich auf die Wand zu, um die Tapete zu betrachten. Sie ist ganz von fortlaufenden Mustern bedeckt, die folgende Formen haben: leicht oval, das eine Ende etwas zugespitzt, geschlängelte goldene Verbindungslinien zwischen den Mustern. Die Muster selber bestehen aus roten und blauen Feldern und sind golden umrahmt. Die Grundfarbe zwischen den Figuren beachte ich nicht genauer. Alles ist von erstaunlicher Schärfe, Klarheit und Helligkeit. Darauf kratze ich an der Tapete mit den Fingernägeln. Die Reibung fühle ich sehr deutlich, höre aber zunächst gar nichts, dann ein schwaches Geräusch. Sodann greife ich nach der Brille (R –7,5, L –6,5 D), die ich sofort fühle, und setze sie ab. Sogleich sehe ich alles verschwommen, nach wenigen Sekunden werden die Gesichtseindrücke aber wieder bedeutend schärfer, wenn sie auch nicht die frühere Schärfe erreichen." (Moers-Messmer 1939, 293–294)

Der Träumer erkennt das Träumen anhand seiner im Wachzustand unmöglichen Leistung und beschreibt sehr schön, wie intensiv und detailreich bzw. detailgetreu luzide Träume sein können. Aber – obwohl manche Dinge genauso wie in der Wachrealität erscheinen – gibt es Elemente im Traum, die bizarr sind, z.B. Kratzen ohne Geräusch, Absetzen der Brille und trotzdem scharf sehen.

Inhaltsanalysen haben ergeben, dass Fliegen in luziden Träumen häufig vorkommt; diese Tätigkeit wird vom Traum-Ich gewählt, weil sie Spaß macht (Barrett 1991). Auch Sexualität taucht oft in luziden Träumen auf (Garfield 1989). Von vielen werden luzide Träume lebendiger und gefühlsintensiver als normale Träume erlebt (Hearne 1983a), und man erinnert sich besser an sie. Vermehrt treten Sinneswahrnehmungen und kognitive Aktivitäten auf (Gackenbach 1988). In einer Studie (Giguere / LaBerge 1996) wurde nachgewiesen, dass Schmerz- und Druckreize nicht so intensiv wahrgenommen werden wie im Wachzustand, aber Streicheln der Haut vergleichbar intensiv gespürt wird.

Definition

Das Phänomen des „falschen Erwachens" (69 % der Personen mit luziden Träumen kennen es; Hearne 1983a) führt bei den meisten Träumern zum Verlust der Bewusstheit über den momentanen Zustand des Träumens, da die Person träumt aufzuwachen, meist im eigenen Bett liegt und nun denkt, nicht mehr zu träumen.

Geschichte des luziden Träumens

Lange bevor das luzide Träumen in der westlichen Welt Beachtung fand, wurde es in verschiedenen Richtungen des Buddhismus, vor allem des tibetischen Buddhismus, als eine Form der Meditation praktiziert (Evans-Wentz 1958; Varela 1997).Der erste westliche Autor (Saint-

Denys 1982) publizierte ein Buch über das luzide Träumen 1867, das jedoch erst 1982 ins Englische übersetzt wurde. Durch Training konnte er die Fertigkeit des luziden Träumens deutlich steigern (siehe auch unten, Abschnitt Techniken). Nach einem Jahr war er sich in drei von vier Träumen bewusst, dass er träumte, nach 15 Monaten bei fast jedem Traum.

Ein Beispiel für luzides Träumen in der deutschsprachigen Literatur stammt von Wilhelm Weygandt, der unter der Anleitung Wilhelm Wundts in Leipzig im Jahre 1893 eine philosophische Doktorarbeit (Titel: „Entstehung der Träume“) verfasste. Mehrfach hat er im Traum bei „alphafter Beklemmung“ mit Flucht und Verfolgung den Gedanken gehabt, dass es „töricht“ sei, sich darüber aufzuregen, weil er ja träume. In einem Traum wurde er verfolgt, erlangte das Bewusstsein, dass er träumt und rieb sich die Augen, um zu erwachen. Er erwachte dann auch, stieg aus dem Bett, zündete das Licht an, doch die Lampe wollte nicht brennen und das Zimmer sah verändert aus. Tatsächlich erwachte er erst kurze Zeit später. Gerade die Sequenz nach dem „falschen Erwachen“ (vergeblicher Versuch Licht zu entzünden) kann mit großer Angst verbunden sein, da man jetzt ganz sicher „weiß“, dass es kein Traum ist.

Der holländische Arzt Frederik Van Eeden, publizierte 1913 seine Erfahrungen mit seinen eigenen Träumen. Über 14 Jahre hinweg sammelte er 352 luzide Träume – und prägte auch den Begriff „luzider Traum“. In einem seiner ersten luziden Träume liegt er auf dem Bauch im Garten vor seinem Arbeitszimmer und sieht die Augen seines Hundes durch die Glasscheibe. Er beobachtete den Hund genau. Gleichzeitig war er sich jedoch bewusst, dass er träumte und in Wirklichkeit auf dem Rücken in seinem Bett lag. Er entschied sich, langsam aufzuwachen und beobachtete genau, wie die Empfindung, auf dem Bauch zu liegen, in die Empfindung überging, auf dem Rücken zu liegen. Es hat sich für ihn angefühlt, wie das Schlüpfen von einem Körper in den anderen. Fast alle seiner luziden Träume schätzte er positiv ein.

Weitere Beiträge zum Thema „luzides Träumen“ erschienen in den 1930er Jahren (Brown 1936; Moers-Messmer 1939). Doch diese Publikationen regten keine systematische Auseinandersetzung mit dem Phänomen an. In der psychoanalytischen Bewegung, die Anfang des 20. Jahrhunderts die Erforschung der Träume vorantrieb, tauchte das Phänomen des luziden Träumens kaum auf. Es ist anzunehmen, dass Sigmund Freud dieses Phänomen nicht aus eigener Erfahrung kannte. Nur Sandor Ferenczi (1911 / 1912), ein direkter Schüler Freuds, erwähnte das luzide

Träumen in einem kurzen Artikel mit dem Titel „Über lenkbare Träume".

Fundamentale Kritik an der Vorstellung, dass luzide Träume ein Schlafphänomen sind, kam schließlich aus dem Lager der empirischen Schlafforscher in den 1960er Jahren. Durch Laboruntersuchungen wusste man, dass während des Schlafes kurze Wachphasen, z. B. beim Umdrehen, auftreten (Borbely 2004). In den allermeisten Fällen werden kurze Wachphasen (kürzer als 3 Minuten) morgens nicht mehr erinnert. Der Einwand lautete also, dass die luziden Träume gar nicht im Schlaf ablaufen, sondern in den kurzen Wachphasen, und demnach keine echten Träume (siehe Definition in Kapitel 1) seien. Dieses Argument ließ sich erst durch die systematische Erforschung luzider Träume im Schlaflabor entkräften.

Luzide Träume im Schlaflabor

Ende der 1970er-Jahre versuchten zwei Forscher unabhängig voneinander das Phänomen „luzide Träume" im Schlaflabor zu untersuchen: Keith Hearne (1978) und Stephen LaBerge (1979, 1980). Während Hearne sich nach wenigen Jahren anderen Themen zuwandte, verfolgte LaBerge die Forschung in einer privat gesponserten Einrichtung, dem Lucitity Institute, weiter (LaBerge 1987; LaBerge / Rheingold 1990).

Kernaussage

Zwei Umstände ermöglichten die Experimente zum Nachweise der luziden Träume: Der erste Punkt ist, dass geübte luzide Träumer im Traum Handlungen ausführen können, die sie sich am Abend zuvor vorgenommen haben. Zweitens zeigte die Schlaflaborforschung sehr deutlich, dass zwar der Muskeltonus im ↑ REM-Schlaf aktiv blockiert wird, sodass es nicht zu Bewegungen während des Träumens kommt, aber dies nicht für die Augen gilt.

Während des REM-Schlafs sind die Augen aktiv und stehen zumindest zum Teil in Einklang mit den im Traum durchgeführten Blickrichtungen (siehe dazu auch Kapitel 6). Tatsächlich gelang es den luziden Träumern, ihre Augen im Traum bewusst einige Male sehr stark hin- und herzubewegen, was durch das Aufzeichnungsgerät erfasst wurde. LaBerge konnte zeigen, dass diese willkürlich ausgeführten Augenbewegungen sich zu fast 100 Prozent von den normalen Augenbewegungen des REM-Schlafs unterscheiden (LaBerge 1987). Damit war der Nachweis geglückt, dass luzides Träumen tatsächlich im REM-Schlaf stattfindet, da alle Parameter (Gehirnströme, Muskeltonus) genau so aussahen, wie in einer normalen REM-Phase.

Daniel Erlacher führte folgendes Experiment durch: Wenn die Versuchsperson sich bewusst geworden ist, dass sie träumt, sollte sie Augenbewegungen (dreimal von rechts nach links) im Traum durchführen. Nach einer weiteren Augenbewegungssequenz sollten sie bis zehn zählen, um nach der nächsten schließlich zehn Kniebeugen durchzuführen; nach einer Erholungsphase wurde die Versuchsperson geweckt oder wachte von selbst auf, und berichtete über ihre Traumerfahrungen. Nur durch den Bericht ist zu erfahren, ob es dem Träumer oder der Träumerin gelungen ist, das am Abend vereinbarte Vorgehen auch genauso durchzuführen. Der Forscher kann dann anhand der Augenbewegungen, die in der ↑ EOG-Ableitung genau zu erkennen sind, die drei verschiedenen Phasen voneinander abgrenzen und nachprüfen, ob Herzschlag und Atemfrequenz sich während der Phase mit den Kniebeugen verändert haben. Tatsächlich ergibt sich ein Effekt, besonders für die Durchläufe, in denen der Träumer berichtete, dass die Kniebeugen im Traum anstrengend gewesen seien. Dieser Versuch lieferte einen Beleg, dass die Traumhandlung in Zusammenhang mit den physiologisch messbaren Parametern wie Herzschlag in Verbindung steht (siehe auch Kapitel 6).

Mit dieser Methode wurden viele Fragestellungen untersucht, z. B. die Einschätzung der Zeit (bis zehn zählen), Aktivität der Fingermuskulatur, sexuelle Aktivität, Singen vs. Zählen (LaBerge 1987). Allerdings muss berücksichtigt werden, dass alle Studien mit sehr kleinen Fallzahlen arbeiten (maximal zehn Personen), weil es sehr wenige Personen gibt, die unter Laborbedingungen relativ häufig luzide Träume aufweisen. So sind in diesem Teilbereich der Traumforschung noch viele Fragen unbeantwortet.

Techniken zum Erlernen des luziden Träumens

Luzide Träume treten bei Personen mit hoher Traumerinnerung häufiger auf, deshalb ist die erste Grundvoraussetzung für das Erlernen des luziden Träumens die Steigerung der Traumerinnerung. In der Regel gelingt das gut, wenn man regelmäßig ein Traumtagebuch führt, sich abends vornimmt, sich zu erinnern, das Tagebuch zurechtlegt und sich beim Aufwachen die Zeit für eine Rückerinnerung nimmt (Schredl 2007). Die spezifischen Techniken zur Steigerung der Häufigkeit luzider Träume lassen sich in drei Gruppen aufteilen:

a. Klarheit gewinnende Techniken
   - Autosuggestion
   - MILD (Mnemotechnische Induktion luzider Träume)
   - Handlungsvorsätze fassen, z. B. Hand anschauen
   - Realitäts-Checks am Tage
b. Klarheit bewahrende Techniken
   - WILD (Vom Wachzustand aus induzierte luzide Träume)
   - Bild / Körper-Techniken
   - Traum-Yoga
c. Einsatz externer Reize
   - akustische Stimulation: „Dies ist ein Traum."
   - Lichtblitze („DreamLight")
   - leichte Elektroschocks („DreamMachine")

Unter Klarheit gewinnenden Techniken verstehen Tholey und Utecht (1997) Methoden, die dazu führen sollen, dass das Traum-Ich während des Traumes erkennt, dass es träumt.

Die einfachste Methode ist die Autosuggestion, das bedeutet, den Satz „Heute Nacht werde ich einen luziden Traum haben" vor dem Einschlafen zu wiederholen (Garfield, 1980). LaBerge (1987) baute die Methode MILD darauf auf: „Wenn ich das nächste Mal träume, will ich daran denken zu erkennen, dass ich träume.". Diese Methode funktioniert nach seiner Aussage besonders gut, wenn man morgens aus einem Traum erwacht, sich diesen gut einprägt und dann den Satz – während man an den Traum denkt – wiederholt. Auch hypnotische Suggestionen können eingesetzt werden (Dane / Van de Castle 1991). Eine Technik, die auf Carlos Castaneda zurückgeht – der durch seine Bücher (Castaneda 1973) über den spirituellen Lehrer Don Juan das Interesse am bewussten Träumen sehr stimulierte –, zielt darauf ab, Handlungsvorsätze im Traum umzusetzen, z. B. auf die Hände schauen. Wird eine solche Handlung im Traum ausgeführt, kann es zur Bewusstheit kommen. Sowohl die von Castaneda selbst beschriebenen Schwierigkeiten als auch Erfahrungen anderer Autoren (LaBerge 1987; Tholey / Utecht 1997) zeigen jedoch, dass dieser Ansatz sehr ineffektiv ist. Paul Tholey schließlich entwickelte die Methode, ein kritisches Bewusstsein zu trainieren (Tholey / Utecht 1997). Im Wesentlichen besteht dieser Ansatz des Realitäts-

Checks darin, sich fünf- bis zehnmal am Tag die Frage zu stellen „Träume ich, oder bin ich wach?". Dabei kann die Umgebung auf Unstimmigkeiten hin kontrolliert werden, also darauf, ob alles so ist, wie es im Wachleben sein sollte. Nach einiger Zeit („Bewahren Sie Geduld", empfehlen Tholey und Utecht 1997), stellt auch das Traum-Ich diese Frage.

Kernaussage

In einem Vergleich von reiner Autosuggestion, MILD und Tholeys Technik des Realitäts-Checks konnte Levitan (1989) zeigen, dass der Realitäts-Check die effektivste Methode darstellt (Verdreifachung der Auftretenshäufigkeit luzider Träume). MILD war etwas weniger wirksam (Verdoppelung), während die Autosuggestionsmethode keinen Zuwachs gegenüber der ↑ Baseline erbrachte, die in dieser Stichprobe bei 0,2 luzide Träume pro Woche lag. Zadra et al. (1992) erreichten mit Tholeys Methode innerhalb von sechs Wochen einen Zuwachs von 0,3 % luzider Träume auf 3,6 %, d. h. eine Verzehnfachung.

Den Klarheit bewahrenden Techniken liegt die Idee zugrunde, das Bewusstsein beim Einschlafen nicht zu verlieren. Die einfachste bewusstseinserhaltende Technik – WILD – wurde von LaBerge (1987) entwickelt. Er instruiert die Person, beim Einschlafen lautlos zu zählen: „Eins, ich träume", „Zwei, ich träume" usw. Bei dieser und entsprechenden Methoden, z. B. Konzentration auf den Körper und Einschlafbilder (Tholey / Utecht 1997) – Bild / Körper-Techniken – oder auf ein tibetisches A in der Körpermitte (Norbu, 1994) – Traum-Yoga –, ist das Paradox zu lösen, dass der Körper einschlafen soll, während der Geist wach bleibt. Obwohl hierzu keine kontrollierten Studien vorliegen, scheint es offensichtlich, dass diese Ansätze eine ausdauernde Übung zu erfordern.

Da externe Reize zum Teil in den Traum integriert werden, verfolgten einige Forscher die Idee, dem Schläfer während des Träumens ein Signal zu geben, durch das dieser erkennen sollte, dass er träumt. LaBerge (1987) experimentierte mit der akustischen Stimulation „Dies ist ein Traum", aber die Erfahrungen zeigten, dass die Versuchspersonen häufig aufwachten, wenn die Instruktion zu laut wurde, oder dass keine ↑ Inkorporation stattfand, wenn die Instruktion zu leise war. Als effektiver erwiesen sich Lichtblitze, die von Leuchtdioden (angebracht an der Innenseite einer Schlafmaske), ausgesendet wurden (LaBerge / Levitan 1995). In einer Laborstudie mit 14 luziden Träumern konnte die Effektivität überprüft werden. Das folgende Traumbeispiel zeigt, wie der externe Lichtreiz zum Bewusstsein über den Traumzustand führen kann.

Traumbeispiel

„Besuchte Mutter und Vater. Verpasste den Flug. Kaufte ein neues Ticket, verpasste diesen Flug auch. Ich war sehr besorgt wegen des Geldes. Ich schaute auf die Abflugzeiten – helle rote Blitze. Ich war ärgerlich über den, der das macht. Ich schaute herum und sah keine Lichtquelle, die in Frage kommt. Kopfschüttelnd schließe ich, dass es das ‚Dream-Light' sein muss. Aufgeregt." (LaBerge / Levitan 1995, 165; eigene Übersetzung)

Hearne (1983b) versuchte leichte Elektroschocks am Daumen als Reize einzusetzen, da Koulack (1969) zeigen konnte, dass diese Reizart eine hohe Inkorporationsrate aufweist. Auch er erhielt in einer kontrollierten Studie (N = 12) eine hohe Ausbeute von luziden Träumen.

Kernaussage

Insgesamt zeigen die Studien, dass es effektive Techniken zum Erlernen des luziden Träumens oder zur Steigerung der Häufigkeit luzider Träume gibt. All diese Methoden erfordern aber etwas Geduld, bis sie zum gewünschten Erfolg führen.

Anwendung luzider Träume

Die Anwendungsmöglichkeiten für luzide Träume sind sehr vielfältig. Die Studien von LaBerge (1987) untersuchen die Körper-Psyche-Interaktion während der luziden Träume. Andere Forscher (z.B. Brown 1936) haben versucht, im Traum Dinge zu tun, die sie aus dem Wachleben nicht kennen. Dies lässt Schlüsse darauf zu, inwieweit im Traum die Vorstellung von Bildern, die man noch nie gesehen hat, möglich ist. Mehr praktischer Natur sind die Erfahrungen Tholeys mit komplexen Handlungsabläufen (z.B. Skateboardkunststücke) (Tholey / Utecht 1997). So können luzide Träume zur gezielten Verbesserung komplexer sportlicher Fähigkeiten eingesetzt werden (Erlacher 2005). Auch sieht Tholey (1988) gute Anwendungsmöglichkeiten in der Psychotherapie, da mit Traumpersonen Auseinandersetzungen ausgetragen und Versöhnungen erzielt werden können. Ein weiteres Anwendungsfeld für luzide Träume ist die Behandlung von Alpträumen (Spoormaker / Van den Bout 2006). Und im tibetischen Buddhismus wird die Technik des luziden Träumens für die spirituelle Entwicklung genutzt (Varela 1997).

Sinn und Nutzen der Träume

9

Das letzte Kapitel beschäftigt sich mit zwei Fragen, die nicht ganz unabhängig voneinander stehen: Haben Träume eine Funktion? Und ist es sinnvoll, sich mit den eigenen Träumen zu beschäftigen?

Um den Einstieg in die Beschäftigung mit diesen Fragen zu erleichtern, wird die Studie von William Dement „The Effect of Dream Deprivation", die 1960 in Science publiziert worden ist und viel Aufsehen erregt hat, näher beleuchtet. Sieben junge Männer wurden drei bis sieben Nächte im Schlaflabor untersucht. Sobald Anzeichen für eine ↑ REM-Phase sichtbar wurden, ließ Dement seine Versuchspersonen wecken. Sie mussten sich im Bett aufsetzen und einige Minuten wach bleiben. Je öfter die Weckungen durchgeführt wurden, desto schneller gelangten die Versuchspersonen nach dem Einschlafen wieder in eine erneute REM-Phase. Bis zu 30 Weckungen pro Nacht waren nötig, um den REM-Schlaf um 75 % zu reduzieren. Als die Versuchsteilnehmer wieder normal schlafen durften, stellte Dement einen sogenannten REM-Rebound fest: Vor allem in der ersten Erholungsnacht waren die REM-Phasen deutlich verlängert. Dement deutete dies als eine Kompensation für das erlittene REM-Schlaf-Defizit und damit als Indiz dafür, dass der REM-Schlaf eine biologische Bedeutung haben müsse. Nach den Nächten mit den Weckungen waren die Versuchspersonen reizbar, nervös und unkonzentriert, was angesichts der stressigen Prozedur nicht verwundert. Allerdings ließ Dement zur Kontrolle sechs der Teilnehmer in weiteren Labornächten genauso oft im Schlaflabor wecken, wie dies zuvor in der Experimentalgruppe der Fall gewesen war, nur fanden die Weckungen diesmal ausschließlich in ↑ NREM-Phasen statt. Die Probanden zeigten die Symptome (Reizbarkeit, Konzentrationsschwäche, vermehrten Appetit) in wesentlich schwächerer Form. Die Studie hat allerdings den großen Haken, dass die NREM-Weckungen nach dem REM-Weckungsprozedere durchgeführt wurden, und es lässt sich leicht nachvollziehen, dass der zweite Aufenthalt im Labor als weniger stressig und „gewohnter" empfunden wird, als die erste Serie. Spätere Studien zeigten schließlich, dass sowohl die NREM-Weckprozedur als auch die

REM-Weckprozedur die Befindlichkeit stark beeinträchtigt – wegen der vielen Weckungen in der Nacht (Ellman et al. 1991). So hat sich der spezifische Effekt für den REM-Schlafentzug letztendlich nicht klar nachweisen lassen.

Ein weiterer Kritikpunkt an der Studie ist auch die unscharfe Definition des Begriffes „Traum“. William Dement spricht im Titel von „Dream Deprivation“ (Traumentzug), tatsächlich führte er aber keinen Traumentzug, sondern lediglich einen Entzug von REM-Schlaf durch. Eine Gleichsetzung von REM-Schlaf und Traum ist überholt, da Träumen höchstwahrscheinlich in allen Schlafphasen, also während der gesamten Schlafzeit auftritt (siehe Kapitel 1). Zudem können im REM-Schlaf viele Gehirnprozesse ablaufen, die mit der psychischen Aktivität des Träumens gar nichts zu tun haben; ähnlich, wie im Wachzustand nur ein Teil des Gehirns mit dem bewussten Denken verknüpft ist und vieles ohne unser Zutun abläuft. Die Betrachtung der Studie von Dement legt nahe, die folgenden drei Themen zu unterscheiden.

- Funktion des REM-Schlafes
- Funktion des Träumens als psychische Aktivität während des REM-Schlafes
- Funktion von erinnerten Träumen

Zunächst wird die Trennung zwischen physiologischer Ebene und psychologischer Ebene wieder hervorgehoben. Im REM-Schlaf laufen viel mehr Prozesse ab, als die mit dem Träumen verbundene Gehirnaktivität, sodass dem REM-Schlaf ganz andere Funktionen zukommen können als dem Träumen. Die zweite Unterscheidung läuft auf die Frage hinaus, ob es sinnvoll ist, sich an Träume zu erinnern, mit ihnen zu arbeiten, oder ob die Träume ihre Funktion erfüllen, ohne dass man sie morgens noch weiß.

Die Funktion des REM-Schlafes

Eine ganze Reihe von Studien haben sich in den letzten Jahren mit der Rolle des ↑ REM-Schlafes in der Gedächtniskonsolidierung (Verfestigung von tagsüber erlernten Inhalten und Fähigkeiten) beschäftigt (eine Übersicht findet sich bei Walker 2005) und haben damit eine Forschungsrichtung fortgesetzt, die schon in den 1970er Jahren begonnen hatte (Ekstrand et al. 1977). Noch sind längst nicht alle Fragen gelöst, doch zeichnet sich ab, dass der REM-Schlaf zumindest für die Konsolidierung des „prozeduralen" Gedächtnisses eine wichtige Rolle spielt (Plihal / Born 1997). Das prozedurale Gedächtnis bezeichnet das Erlernen von Fähigkeiten wie Fahrradfahren, Klavierspielen und Techniken im Sport. Von dem prozeduralen Gedächtnis wird das deklarative Gedächtnis unterschieden, das sich wiederum in das semantische Gedächtnis (Speicherung von Fakten) und das episodische Gedächtnis (Speicherung von Erlebnissen) aufteilen lässt. Es gibt Hinweise darauf, dass der Tiefschlaf, in dem das Stresshormon Cortisol seinen Tiefpunkt erreicht, wichtig für die Konsolidierung des deklarativen Gedächtnisses ist (Gais / Born, 2004).

Bisher wurde allerdings kaum untersucht, ob der Trauminhalt etwas mit der Gedächtniskonsolidierung zu tun hat. In einer kleinen Pilotstudie untersuchten De Koninck, Prevost und Lortie-Lussier (1996) diesen Zusammenhang. Die Versuchspersonen mussten in der Trainingsphase am Abend und beim Lösen der Aufgaben morgens eine Brille tragen, die das Gesichtsfeld um 180 Grad invertiert, d.h. auf den Kopf stellt. Es zeigte sich, dass Personen, die auf dem Kopf stehende Bilder in den Träumen der dazwischen liegenden Nacht aufwiesen, bessere Leistungen im Lesetest am nachfolgenden Morgen zeigten.

Den möglichen Zusammenhang zwischen Gedächtniskonsolidierung und Trauminhalt zu untersuchen, stellt eines der spannenden Gebiete der zukünftigen Traumforschung dar.

Die Funktion des Träumens

Bevor die Hypothesen zur Funktion des Träumens dargestellt werden, ist es wichtig, sich mit den Problemen, die sich bei der Überprüfung im Experiment stellen, zu beschäftigen. Ein Beispiel soll dies veranschaulichen. Cartwright (1996) führte eine Studie zum Traumerleben geschiedener Frauen durch. Die Ergebnisse zeigten, dass Frauen, die nach der Scheidung Träume von ihrem Ex-Mann bei Laborweckungen berichteten, dieses belastende Lebensereignis ein Jahr später besser verarbeitet hatten, als Frauen, die nicht von ihrem Ex geträumt hatten, sondern andere Trauminhalte erinnerten. Zwei Interpretationsmöglichkeiten stehen als Erklärung zur Verfügung. Entweder führt die Aufarbeitung der Scheidung im Traum zum besseren Befinden, oder die Frau setzte sich, nachdem sie der Forscherin ihren Traum erzählt hatte, mit dem Traum auseinander und kam deshalb später besser mit der Situation zurecht. Die Funktion der Träume lässt sich nicht unabhängig vom Wachbewusstsein untersuchen, so muss offen bleiben, welche der beiden Interpretationen letztendlich Gültigkeit hat; das Träumen selbst oder das Nachdenken über den erinnerten Traum.

Für die Forschung bleibt somit die ernüchternde Erkenntnis, dass die unzähligen Theorien zur Funktion nicht wirklich durch empirische Befunde gestützt werden können. Die folgende Übersicht gibt einen Überblick über die wichtigsten veröffentlichten Theorien.

- Träume als Epiphänomen
- Reifungsprozesse im Gehirn
- Programmierung
- Hüter des Schlafes
- Kompensationsfunktion
- Reinigungshypothese
- Mastery-Hypothese
- Stimmungsregulierung
- systematische Desensibilisierung
- Bedrohungs-Simulations-Theorie

Flanagan (1996), beispielsweise, sieht zwar den ↑ REM-Schlaf als wichtig für die Gedächtniskonsolidierung an, jedoch die psychische Aktivität des Träumens als reines Epiphänomen (Begleiterscheinung) ohne eigene Funktion. Auch die Annahme, dass der REM-Schlaf eine wichtige Rolle in der Gehirnreifung spielt (Dement 1974), legt das Gewicht auf die physiologischen Prozesse während des REM-Schlafes, da mentale Prozesse des Träumens, wie sie von Erwachsenen bekannt sind, beim Fötus im Mutterleib oder dem Säugling sicher nicht zu finden sind. In diesen Lebensphasen weist der Schlaf den höchsten Anteil an REM-Schlaf auf; bei Neugeborenen etwa 50 %. Erst im Alter von etwa drei Jahren sinkt der Anteil auf 20-25 % ab und bleibt im weiteren Lebensverlauf relativ konstant (Dement 1974). Ein weiterer Reifungsprozess wird von Berger (1969) angesprochen; er vermutet, dass im REM-Schlaf synchronisierte Augenbewegungen und damit die visuelle Wahrnehmung von Bildern geübt werden. Ähnlich wie Dement (1974) geht Jouvet (1994) davon aus, dass der REM-Schlaf einen Nutzen für das Gehirn hat; dabei betont er jedoch eher die „Software“ (z. B. Gedankenmuster) als die „Hardware“ (neuronale Verbindungen des Gehirns). Seiner Annahme entsprechend, dass Gene zu wenige Informationen enthalten, um alle Unterschiede zwischen Individuen zu erklären, geht

Jouvet (1994) davon aus, dass das Gehirn von Zeit zu Zeit nach dem eigenen Muster programmiert wird, um die eigene Individualität sicherzustellen. Diesen Ansatz nennt er iterative, genetische Programmierung. Hier ist die Funktion des Traumes, dass diese „Programmierung" Nacht für Nacht wiederholt wird, damit die Muster dem Organismus am Tage zur Verfügung stehen. Bent (1990) treibt die Computeranalogie weiter und hypothetisiert, dass der REM-Schlaf einen „Warmboot" darstellt, d.h., das System wird heruntergefahren und die systemeigene Software wird neu geladen, damit Anwendungsprogramme fehlerfrei laufen können. Auch dadurch soll das reibungslose Funktionieren des Organismus am Tage gewährleistet sein.

Eine rein psychologische Funktion der Träume schlug Sigmund Freud (1900) vor. Er bezeichnete den Traum als Hüter des Schlafes, weil er annahm, dass Es-Impulse aus dem Unbewussten, die wegen ihrer Konflikthaftigkeit zum Erwachen geführt hätten, in abgewandelter Form im Traum befriedigt werden können. C. G. Jung (1979) betont die Kompensationsfunktion der Träume: Im Sinne einer Persönlichkeitsentwicklung (Individuation) sind kompensatorische Träume wichtig, um Einseitigkeiten auszugleichen und zur Ganzwerdung beizutragen.

Im Kontrast zu den psychoanalytischen Traumtheorien wurde von Crick und Mitchison (1983) der Satz geprägt: „Wir träumen, um zu vergessen." Durch Computersimulationen konnte gezeigt werden, dass neuronale Netze (als Modell des menschlichen Gehirns) während Lernphasen sogenannte parasitäre Moden entwickeln. Darunter werden Verknüpfungen verstanden, die eigentlich unsinnig sind und dazu führen würden, dass das Gesamtsystem im Chaos endet. (Dabei ist zu beachten, dass Lernvorgänge in neuronalen Netzen komplexer sind als das reine Abspeichern der Information wie auf einer Computerfestplatte.) Die Stimulierung der Großhirnrinde durch zufällige Reize, die als Träume erlebt werden (Hobson / McCarley 1977), führt nach Crick und Mitchison dazu, dass parasitäre Moden aktiviert und gelöscht werden – Reinigungshypothese. In diesem Sinne erfüllen Träume als psychische Aktivität während des REM-Schlafes eine adaptive Funktion (Anpassungsfunktion); das Erinnern an diese Träume ist jedoch kontraproduktiv, da sie Dinge beinhalten, die man vergessen sollte. Diese These ist für Therapeuten, die im klinischen Bereich arbeiten, nicht nachvollziehbar, und Crick und Mitchison (1983) legten keine empirischen Untersuchungen vor, die ihre Theorien stützen könnten.

Viele moderne Traumforscher gehen von einer adaptiven Funktion des Traumes in einem anderen Sinne aus (eine Übersicht findet sich bei

Moffitt et al. 1993). Dabei werden unterschiedliche Aspekte hervorgehoben. Den Rahmen liefern Modelle der kognitiven Psychologie und der Informationsverarbeitung. Ein einfaches Denkmodell, die Mastery-Hypothese, schlagen Wright und Koulack (1987) vor. Sie gehen davon aus, dass die kognitive Aktivität des Träumens die gleiche Funktion hat wie die kognitive Aktivität des Wachlebens (siehe auch Kapitel 5): Eine Funktion des Denkens ist die Verarbeitung und Lösung von Problemen, die im Wachleben der Person auftreten. Im Traum werden alte und neue Erlebnisse, Gefühle, Gedanken und Handlungsmuster „gemischt", und das kann ebenfalls zur Problemlösung beitragen. Blagrove (1992) merkt kritisch an, dass möglicherweise im Traum selbst keine neuen Ideen entwickelt werden, sondern diese Problemlöseansätze auch wiederum nur Reflexionen von Wachgedanken sind. In diesem Denkmodell wären Träume nicht adaptiv, sondern nur Spiegelbild des Wachgeschehens.

Die Theorie der Stimmungsregulierung (Kramer 1993) besagt, dass Träume emotionale Erlebnisse verarbeiten und die Stimmung abglätten, d. h., die Morgenstimmung weist weniger Variabilität als die Abendstimmung auf. Perlis und Nielsen (1993) sehen Träume als systematische Desensibilisierung: Der im REM-Schlaf extrem niedrige Muskeltonus könnte als idealer Entspannungszustand betrachtet werden und es ermöglichen, angstbesetzte Inhalte weiterzuverarbeiten, indem die Angstreaktion auf den Stimulus gelöscht wird. Dagegen spricht möglicherweise das relativ häufige Auftreten von Alpträumen, die zum Aufwachen führen. Allerdings könnten diese als Überlastung der Desensibilisierungsfunktion angesehen werden (Kramer 1991).

Die Bedrohungs-Simulations-Theorie (Threat Simulation Theory, Revonsuo 2000) zielt in die andere Richtung. Sie geht davon aus, dass es in der evolutionären Geschichte des Menschen wichtig war, Ängste zu erlernen. Angst vor Feinden und gefährlichen Orten war entscheidend für das Überleben, da die Angst dazu führt, entsprechende Begegnungen oder Plätze zu vermeiden. Deshalb hat sich das Träumen als Möglichkeit zum „Angsttraining" in der Evolution durchgesetzt. Auch diese Theorie lässt viele Fragen offen, weil es nicht möglich ist, die Träume unserer Vorfahren zu untersuchen. In der heutigen Welt scheint das Durchspielen von Ängsten im Traum jedenfalls keinen besonderen Vorteil für das Überleben zu haben. Es ist eher so, dass betroffene Menschen unter ihren Angst- und Alpträumen leiden und ihre Leistungsfähigkeit absinkt.

Zu den oben angeführten theoretischen Erklärungsansätzen lassen sich fast beliebig viele hinzufügen und so stellt sich die Frage, welche

Erklärung Gültigkeit hat oder ob der Traum vielleicht viele verschiedene Funktionen erfüllt (Kuiken / Sikora 1993).

Die Funktion der erinnerten Träume

Obwohl es nicht klar ist, ob dem Träumen selbst eine Funktion zukommt, ist es leichter, die Frage zu beantworten, ob es sinnvoll (gewinnbringend) ist, sich mit den eigenen Träumen zu beschäftigen. In diesem Zusammenhang sind zwei Themenbereiche angesprochen: die Kreativität und die Traumarbeit im psychotherapeutischen Kontext.

Kreativität
Es gibt viele Beispiele dafür, dass sich Künstler und Filmemacher wie z. B. Salvador Dali, Ingmar Bergmann, Carlos Saura, Federico Fellini von Träumen haben inspirieren lassen (Van de Castle 1994; Barrett 2001). Von einer Verwandlung in eine andere Person hatte etwa der Schriftsteller Robert Louis Stevenson geträumt und somit eine Vorlage für seine berühmte Doppelgängergeschichte von Dr. Jekyll and Mr. Hyde. Paul McCartney wachte eines Tages mit einer wunderschönen Melodie im Kopf auf. Zunächst konnte er gar nicht so richtig glauben, dass sie neu war, er dachte er hätte sie irgendwo gehört gehabt. Der erste Text dazu lautete »Scrambled eggs, oh, my baby, how I love your legs«. Erst Wochen später, als er Texte zum Tod seines Vaters schrieb, bekam der Beatles-Song seinen offiziellen Titel: „Yesterday".

Auch in der Wissenschaft sind Beispiele bekannt geworden, in denen Träume zur Lösung eines schwierigen Problems beitrugen. Das bekannteste Beispiel von August Kekulé ist allerdings mit Zweifeln behaftet. Der Chemiker entdeckte die Struktur des Benzolringes, aber erst Jahre nach seinem Durchbruch berichtete er, die Lösung geträumt zu haben: Im Traum sah er eine Schlange, die sich in den Schwanz biss. Hinweise zur Struktur des Periodensystems hatte Dimitri Mendeleyev im Traum bekommen. Elias Howe erfand, von einem Traum inspiriert, die Nähmaschine. Herman von Hilprecht soll es im Traum gelungen sein, die babylonischen Hieroglyphen zu entschlüsseln. Allerdings schreibt Dement (1974), dass in einer großen Gruppe von Studenten nur 7 von 1000 berichteten, in Träumen Hinweise auf die Lösung einer vorher gestellten Denkaufgabe erkannt zu haben.

Obwohl häufig von kreativen Träumen berühmter Menschen berichtet wird, haben Forscher bislang kaum untersucht, wie Träume die Kre-

Tabelle 15: Themen kreativer Träume

Themen (N =272)	Anzahl
Kreativität	
Malen	30
Schreiben	25
Musik	5
Andere (Homepage, Rezept, Geschenk)	24
Problemlösung	
Arbeit / Referat / Vortrag	49
Computer	11
Mathematik	11
motorische Fertigkeiten	4
Traum als Anstoß Kontaktaufnahme, Beziehungen, Reisen etc.	73
emotionale Erkenntnis durch Träume	40

ativität des „normalen" Menschen beeinflussen. Mittels einer großen Fragebogenstudie sowie einer Internetbefragung konnten Schredl und Erlacher (2007) 1080 Personen befragen. Die Teilnehmer erinnerten sich an etwa drei Morgen pro Woche an ihre Träume. Durchschnittlich erlebten die Befragten etwa einmal im Monat einen kreativen Traum. Umgerechnet ergibt das einen Anteil von 7,8 % kreativer Träume an allen erinnerten Träumen. Die Analyse der Fragebogendaten zeigte, dass sensible Menschen mit hoher Traumerinnerung häufiger kreative Anregungen durch ihre Träume bekommen.

Im Bereich des künstlerischen Schaffens auch auf Hobby-Basis wurden Traumbilder Vorlagen für Bilder, Geschichten, Homepages, oder sie dienten als Anregung für eine Geschenkidee (vgl. Tabelle 15). Die folgenden Beispiele zeigen, dass kreative Träume nicht nur besonders begabten und berühmten Künstlern vorbehalten sind:

Traumbeispiel

„Im Traum sah ich eine Meerjungfrau, die sich dann in einen Schmetterling verwandelt hat. Das habe ich als Basis für ein Pastellbild genutzt."

„Ich träume oft, ich kann fliegen. Das hat mich auf die Idee gebracht, ein Buch zu schreiben, indem ein Mensch wirklich fliegen kann. Er fliegt, um seine Geliebte zu suchen, und versetzt die Menschen in Angst und Schrecken."

„Ich habe einmal kurz vor dem Geburtstag meiner Mutter davon geträumt, was man ihr schenken könnte. In dem Traum habe ich ganz genau ihre Reaktion auf das Geschenk gesehen und habe es dann auch gekauft, und sie hat sich tatsächlich so gefreut, wie ich es mir im Traum vorgestellt habe." (Material von Schredl / Erlacher 2007)

Unser Gehirn arbeitet nachts an Problemen weiter. Es löst zwar selten konkrete Denkaufgaben, wie William Dement in seiner Studie zeigte, aber es produziert gelegentlich eine nützliche Idee, z. B. für die Struktur eines Referates oder eine Programmieraufgabe:

Traumbeispiel

„Mein PC war kaputt und ich träumte davon, wie ich ihn am besten reparieren könnte. Ich wachte am nächsten Morgen auf, und es war klar, wie ich ihn wieder zum Laufen kriegen konnte."

„Im Traum wurde mir ein Fehler in einer Berechnungsformel meiner Diplomarbeit bewusst, den ich dann am nächsten Tag mit einer neuen Berechnungsformel beheben konnte." (Material von Schredl / Erlacher 2007)

Träume können uns im Alltag einen direkten Anstoß geben, etwas zu tun. Einige der Befragten entschlossen sich z. B. für ein bestimmtes Urlaubsziel, das in einem Traum vorkam. Relativ häufig riefen die Befragten Freunde oder Bekannte an, weil sie die Nacht zuvor von ihnen geträumt hatten. Ich hatte selbst einen Traum, in dem ich mit meinem damaligen Chef eine ungezwungene Unterhaltung führte. Das Traumerlebnis gab mir Mut, einen Termin mit ihm zu vereinbaren, um ihn für meine weiteren Karriereziele um Hilfe zu bitten. Meist sind es Gefühle oder Erlebnisse im Traum, die dem Träumer helfen, eine Sache anzupacken, die im Wachzustand mit Ängsten verbunden ist:

Traumbeispiel

„Ich träume von einem Mädchen an meiner Schule, das ich attraktiv finde, und bekomme dadurch Motivation und Ansporn, sie anzusprechen."

„Ich habe geträumt, dass ich auf einer Theaterbühne stehe. Nur ich war auf der Bühne, ohne Publikum. Ich sang und hörte Beifall, ohne Zuschauer zu sehen. Daher beschloss ich, Gesangsunterricht zu nehmen." (Material von Schredl / Erlacher 2007)

Häufig kann man aus seinen Träumen auch etwas über sich selbst erfahren. Hier ein Beispiel einer Studienteilnehmerin:

Traumbeispiel

„Ich saß in einem Zugabteil, hatte eine Handtasche auf dem Schoß, die sich unabsichtlich öffnete, und alles fiel heraus. Ein Mann wollte mir helfen, es wieder hineinzutun. Doch es waren so viele Utensilien, dass alles oben wieder herausquoll. Danach habe ich beschlossen, bei mir wieder einmal zu schauen, von welchen Dingen / Gedanken ich mich trennen sollte. Also Leben vereinfachen." (Material von Schredl / Erlacher 2007)

Viele Fragen sind bei dem Thema Kreativität und Träume noch offen. Zum Beispiel stellt sich die Frage, ob für bestimmte Berufsgruppen (Schriftsteller, Designer, Werbefachleute) die Traumkreativität trainiert werden kann.

Träume in der Psychotherapie

Für Sigmund Freud (1900) waren Träume der Königsweg zum Unbewussten, d. h., er schätzte Träume als wertvolle Hilfe für den Heilungsprozess in der Therapie. So werden Träume seit fast über 100 Jahren in der psychotherapeutischen Behandlung eingesetzt. Studien bei niedergelassenen Psychotherapeuten zeigen, dass die Traumarbeit auch heute noch eine bedeutende Rolle spielt, in den tiefenpsychologischen Therapieformen mehr als in der kognitiven Verhaltenstherapie oder der Gesprächspsychotherapie (Schredl et al. 2000). Dabei stellt sich die Frage, ob Traumarbeit effektiv ist, d. h., hilft sie der Patientin bzw. dem Patienten? Trotz der Fülle von Literatur zu diesem Thema hat nur die Arbeitsgruppe um Clara E. Hill (Hill 2004) die Wirkung von Traumarbeit systematisch mit Methoden, die in der Therapieforschung üblich sind, untersucht. Für die Studien verwendete sie ein einfach erlernbares Drei-Stufen-Modell:

- Exploration: Erzählen, Assoziationen zu den Traumelementen, Verbindungen zum Wachleben
- Einsicht: Was bedeutet der Traum? Anknüpfen an Wachprobleme und Erinnerungen
- Umsetzen: Änderungsvorschläge für das Wachleben erarbeiten

In einer Studie (Cogar / Hill 1992) über sechs Wochen mit jeweils einer Trauminterpretationssitzung à 45 Minuten konnte zwar kein Effekt auf globale Maße wie Selbstwertgefühl oder Beschwerdeindex nachgewiesen werden, doch die Gruppe der Personen mit Traumsitzung gab an, mehr Verständnis für sich selbst entwickelt zu haben. Problematisch an dieser Studie sind jedoch mögliche Erwartungseffekte, da nur gegen Kontrollgruppen ohne Behandlung verglichen wurde. Besser sind hier Vergleichgruppen die eine andere Behandlung bekommen haben. In einer weiteren Studie (Hill et al. 1993) wurde versucht, die Effekte von Einzelsitzungen mit Trauminterpretation zu untersuchen. Dabei wurden die 60 freiwilligen männlichen und weiblichen Teilnehmer per Zufall drei verschiedenen Bedingungen zugeteilt: Interpretation eines eigenen Traumes, Interpretation eines Traumes einer anderen Person und Arbeit mit einem Wachereignis. Die Sitzung mit dem eigenen Traum wurde als emotional tiefergehend und effektiver bewertet als die beiden Kontrollbedingungen. Allerdings sind auch hier mögliche Erwartungseffekte zu berücksichtigen, da die Klienten wussten, welche der drei Bedingungen auf sie zukommen würde, und zu vermuten ist, dass das Arbeiten an den eigenen Träumen am spannendsten ist. Zusätzlich könnten auch Therapeuteneffekte dazukommen, da die Therapeuten sich selbst in den Sitzungen der ersten Gruppe als am hilfreichsten einschätzten – die Therapeuten waren anhand des Hill-Modells für den Zweck der Studie, d.h. für das therapeutische Arbeiten am Traum des Klienten trainiert worden, nicht aber für die Kontrollbedingungen.

Weiter haben Hill et al. (1998) untersucht, welche Elemente des Drei-Stufen-Modells am wirksamsten sind. Es zeigte sich, dass die Phase der Assoziationen effektiver ist als die reine Beschreibung des Traumes. In der Studie von Hill et al. (1997) gaben die Klienten das Herstellen von Verbindungen zum Wachleben als am hilfreichsten an. Auch das Durchführen einer Sitzung, in der Klienten in schriftlicher Form anhand des Hill-Modells an ihren Träumen arbeiteten, hat positive Effekte; allerdings werden Sitzungen mit einem Therapeuten als gewinnbringender eingeschätzt (Heaton et al. 1998). Die Arbeitsgruppe um Clara E. Hill hat gezeigt, dass Traumarbeit effektiv im Sinne der Selbsterfahrung und des

Therapiefortschrittes ist und in verschiedenen Settings, z.B. in der Paartherapie, angewendet werden kann (Übersicht: Hill 2004).

Für andere Modelle der Traumarbeit – abgesehen von der Imagary Rehearsal Therapy zum Umgang mit Alpträumen (Krakow/Zadra 2006) – liegen bisher keine empirisch fundierten Studien vor, wie es für den Wirknachweis einer Psychotherapieform verlangt wird. Das leicht erlernbare Modell von Hill (1996) belegt, dass der Umgang mit Träumen nicht nur für Therapeuten gut zugänglich ist, sondern auch für die Träumer selbst (Schredl 2007).

Anhang

Glossar

Affekt Affekt steht hier für subjektiv erlebte Gefühle.

Baseline Der Begriff Baseline bezeichnet die Messwerte in einem Experiment oder einer Untersuchung, die zu Beginn erhoben werden, bevor etwas mit der Versuchsperson gemacht wird.

EEG (Elektroencephalogramm) Darunter versteht man die Messung der elektrischen Potenziale der Nervenzellen des Gehirns durch Elektroden.

EMG (Elektromyogramm) Hier wird die Muskelaktivität elektrisch durch Elektroden, die auf dem Muskel angebracht sind, gemessen.

EOG (Elektrookulogramm) Da die Augäpfel elektrische Ladungen enthalten, kann eine Elektrode, die neben dem Auge platziert ist, die Spannungsschwankungen, die durch Bewegung der Augen entstehen, erfassen.

evozierte Potenziale Wird dem Gehirn ein Reiz präsentiert, z. B. ein kurzer Ton über einen Kopfhörer, so reagiert das Gehirn auf eine typische Weise, z. B. Aktivierung bestimmter Gehirnzentren, um diesen Reiz aufzunehmen und zu verarbeiten. Die dadurch entstehenden elektrischen Veränderungen der Gehirnströme werden evozierte oder ereignis-korrelierte Potenziale genannt.

Inkorporation Der Begriff bezeichnet den Umstand, dass ein externer Reiz oder auch ein Erlebnis bzw. Gedanke des Tages in den Traum eingebaut wird.

Korrelation Die Korrelation ist eine statistische Größe, die angibt, wie eng ein Zusammenhang zwischen zwei Variablen ist. Ein Korrelationskoeffizient nahe an Eins bedeutet ein enger Zusammenhang, ist der Koeffizient fast Null besteht kein nennenswerter Zusammenhang.

Motorkortex Im Motorkortex befinden sich Nervenzellen (Motorneurone), die die Bewegungen der Körpermuskulatur steuern.

NREM-Schlaf Im Gegensatz zum REM-Schlaf treten in diesem Schlafstadium keine schnellen Augenbewegungen unter den geschlossenen Augenlidern auf. Beim NREM-Schlaf werden das Einschlafstadium (NREM 1), der normale Schlaf (NREM 2) und der Tiefschlaf (NREM 3 und 4) unterschieden.

Persönlichkeitsdimension Persönlichkeitsdimensionen sind stabile, die Zeit überdauernde Eigenschaften einer Person. „Neurotizismus“, zum Beispiel, ist gekennzeichnet durch eine hohe Stressanfälligkeit und Ängstlichkeit. „Dünne Grenzen“ stellen eine andere Persönlichkeitsdimension dar, die mit Kreativität aber auch Schwierigkeiten bei der Abgrenzung von Personen oder Aufgaben einhergeht.

Potenziale siehe evozierte Potenziale

Ratingsystem Ein Ratingsystem bezeichnet eine Sammlung von Ratingskalen, die zum Ziel haben, die wichtigsten Aspekte des Traumberichtes zu erfassen, z. B. die Bizarrheit, die Anzahl der Personen, die Interaktionen mit den Traumpersonen.

Eine Ratingskala enthält Kodierregeln, die es einem externen Beurteiler ermöglichen, den Traum nach den Vorgaben einzuschätzen und dadurch zu quantifizieren. Ein einfaches Beispiel wäre das Vorkommen von Tieren im Traum.

Reliabilität In der Testtheorie wird unter der Reliabilität die Messgenauigkeit einer Skala oder eines Tests / Fragebogens verstanden. Wenn ein stabiles Merkmal untersucht wird, z. B. eine Persönlichkeitsdimension, liegt es auf der Hand, dass ein gutes Messinstrument dieselben Werte liefern sollte, wenn die Person nach z. B. zwei Wochen noch einmal befragt wird. Dies bedeutet dann eine hohe Retest-Reliabilität. In der Trauminhaltsanalyse wird die Übereinstimmung zwischen zwei Beurteilern, die dieselben Träume einschätzen, als Interrater-Reliabilität bezeichnet. Hohe Werte für die Übereinstimmung geben an, dass die Skala präzise formuliert ist und Ergebnisse liefert, die nicht durch Probleme bei der Beurteilung verzerrt sind.

REM-Schlaf Der REM-Schlaf erhielt seinen Namen aufgrund der schnellen Augenbewegungen, die unter den geschlossenen Augenlidern im Schlaf auftreten (Rapid Eye Movements). Das Gehirn ist sehr aktiv, doch die Muskelspannung im Körper wird gehemmt, um ein Mitbewegen des Körpers mit den Traumbildern zu verhindern.

Setting Als Setting bezeichnet man die Umgebung, in der eine Studie oder ein Experiment durchgeführt werden.

Validität Die Validität ist wie die Reliabilität ein Kennzeichen der Skalengüte. Dabei geht es um die Frage, ob die Skala auch das misst, was man messen möchte, also ob z. B. ein Intelligenztest wirklich Intelligenz oder sprachliche Fertigkeiten misst.

Variabilität Dieser Begriff steht für die Schwankungen, die z. B. in den Trauminhalten über die Zeit auftreten können. So träumt eine Person von ganz unterschiedlichen Themen, d.h., die Inhalte weisen eine hohe Variabilität auf.

Varianz In der Statistik wird die Varianz als Maß verwendet, das die Unterschiedlichkeit zwischen Personen oder auch innerhalb einer Person beschreibt. Schwanken die Messwerte nur in geringem Ausmaß um den Mittelwert, ist die Varianz klein, sind große Schwankungen in den Zahlen vorhanden, ist die Varianz groß. Viele statische Methoden zielen darauf ab, die Unterschiede zu erklären, eine Maßzahl dafür ist, wie hoch die Varianzaufklärung (angegeben in Prozent) ist.

Abkürzungen

d Effektstärke nach Jacob Cohen

N Stichprobengröße

p Wahrscheinlichkeit, die angibt, ob das Ergebnis durch Zufall zustande gekommen sein könnte

t Prüfgröße des t-Tests, eines häufig verwendeten statistischen Verfahrens

vs. versus

χ^2 Prüfgröße des Chi-Quadrat-Tests, der häufig für die Analyse von Häufigkeiten verwendet wird

z Prüfgröße eines non-parametrischen Verfahrens, das zur Anwendung kommt, wenn die Messskala Ordinalskalenniveau besitzt, d.h. nur größer oder kleiner Aussagen getroffen werden können, nicht jedoch die Differenzen einen Sinn ergeben

Literatur

Antrobus, J. S. (1991). Dreaming: cognitive processes during cortical activation and high afferent thresholds. Psychological Review, 98, 96–121

Armitage, R. (1992): Gender differences and the effect of stress on dream recall: a 30-day diary report. Dreaming, 2, 137–141.

Aserinsky, E., Kleitman, N. (1953): Regulary occuring periods of eye motility and concomitant phenomena during sleep. Science, 118, 273–274

Backe, J. (2004): Wovon Schwangere träumen – Traumanalysen bei neun schwangeren Frauen und Übersicht über die Literatur. Geburtshilfe und Frauenheilkunde, 64, 271–278

Baekeland, F. (1969): Dreams with laboratory references. Psychophysiology, 6, 251

–, **Resch, R., Katz, D. (1968):** Presleep mentation and dream reports: I. Cognitive style, contuigity to sleep and time of the night. Archives of General Psychiatry, 19, 300–311

Balon, R. (1996): Bupropion and nightmares. American Journal of Psychiatry, 153, 579–580

Barrett, D. (1991): Flying dreams and lucidity. Dreaming, 1, 129-134

– **(2001): The committee of sleep:** How artists, scientists, and athletes use dreams for creative problem-solving – and how you can too. New York: Crown.

Bastuji, H., Garcia-Larrea, L. (1999): Evoked potentials as a tool for the investigation of human sleep. Sleep Medicine Reviews, 3, 23- 45

Bearden, C. (1994): The nightmare: biological and psychological origins. Dreaming, 4, 139–152

Belicki, K., Belicki, D. (1986). Predisposition for nightmares: a study of hypnotic ability, vividness of imagery and absorption. Journal of Clinical Psychology, 42, 714–718

Bent, T. (1990): The „warm-boot" hypothesis: a consideration of the func-tioning of dreaming. Association for the Study of Dreams Newsletter, 7(6), 2–5

Berger, R. J. (1963): Experimental modification of dream content by meaningful verbal stimuli. British Journal of Psychiatry, 109, 722–740

– **(1969):** Oculomotor control: a possible function of REM sleep. Psychological Review, 76, 144–164

Bernstein, D. M., Belicki, K. (1995-96). On the psychometric properties of retrospective dream content questionnaires. Imagination, Cognition and Personality, 15, 351–364

Bixler, E. O., Kales, A., Soldatos, C., Kales, J. D., Healey, S. (1979): Prevalence of sleep disorders in the Los Angeles metropolitan area. American Journal of Psychiatry, 136, 1257–1262

Blagrove, M. (1992): Dreams as a reflection of our waking concerns and abilities: a critique of the problem solving paradigm in dream research. Dreaming, 2, 205–220.

Boerner, J. (1855). Das Alpdrücken: Seine Begründung und Verhütung. Würzburg: Carl Joseph Becker

Borbely, A. (2004). Schlaf. Frankfurt: Fischer

Botman, H. I., Crovitz, H. F. (1989-90). Dream reports and autobiographical memory. Imagination, Cognition & Personality, 9, 213–224

Breger, L., Hunter, I., Lane, R. W. (1971): The effect of stress on dreams. New York: International Universities Press

Brown, A. E. (1936): Dreams in which the dreamer knows he is asleep. Journal of Abnormal and Social Psychology, 31, 59–66

Burgess, M., Gill, M., Marks, I. (1998): Postal self-exposure treatment of recurrent nightmares. British Journal of Psychiatry, 172, 257–262

Cartwright, R. D. (1996): Dreams and the adaption to divorce. In: D. Barrett (Hrsg.), Trauma and dreams. Cambridge: Harvard University Press, 179–185, 262–63

–, Bernick, N., Borowitz, G., Kling, A. (1969): Effect of an erotic on the sleep and dreams of young men. Archives of General Psychiatry, 20, 262–271

–, Kaszniak, A. (1991): The social psychology of dream reporting. In: S. J. Ellman. J. S. Antrobus (Hrsg.): The mind in sleep. New York: John Wiley, 251–264

–, Lloyd, S., Knight, S., Trenholm, I. (1984): Broken dreams: a study of the effects of divorce and depression on dream content. Psychiatry, 47, 251–259

Castaneda, C. (1973): Die Lehren des Don Juan: Ein Yaqui-Weg des Wissens. Frankfurt: Fischer.

Cellucci, A. J., Lawrence, P. S. (1978): The efficiacy of systematic desensitization in recurring nightmares. Journal of Behavior Therapy and Experimental Psychiatry, 9, 109–114

Cirignotta, F., Zucconi, M., Mondini, S., Lenzi, P. L., Lugaresi, E. (1983): Enuresis, sleepwalking and nightmares: An epidemiological survey in the Republic of San Marino. In: C. Guilleminault, E. Lugaresi (Hrsg.): Sleep – Wake disorders: Natural history, epidemiology and long-term evolution. New York: Raven Press, 237–241

Cogar, M. C., Hill, C. E. (1992): Examining the effects of brief individual dream interpretation. Dreaming, 2, 239–248

Cohen, D. B., MacNeilage, P. F. (1974): A test of the salience hypothesis of dream recall. Journal of Consulting and Clinical Psychology, 42, 699–703

–, Wolfe, G. (1973): Dream recall and repression: evidence for an alternative hypothesis. Journal of Consulting and Clinical Psychology, 41, 349–355

Corsi-Cabrera, M., Becker, J., Garcia, L., Ibara, R., Morales, M., Souza, M. (1986): Dream content after using visual inverting prisms. Perceptual and Motor Skills, 63, 415–423

Crick, F., Mitchison, G. (1983): The function of dream sleep. Nature, 304, 111–114

Dane, J. R., Van de Castle, R. L. (1991): A comparison of waking instruction and posthypnotic suggestion for lucid dream induction. Lucidity, 10(1-2), 209–214

de Jong, M. A., Visser, P. (1983): Mood, dream content and secondary revision after different pre-sleep stimuli. Sleep Research, 12, 175

De Koninck, J., Brunette, R. (1991): Presleep suggestion related to a phobic object: successful manipulation of reported dream affect. Journal of General Psychology, 118, 185–200

–, Koulack, D. (1975): Dream content and adaption to a stressful situation. Journal of Abnormal Psychology, 84, 250–260

–, Prevost, F., Lortie-Lussier, M. (1996) : Vertical inversion of the visual field and REM sleep mentation. Journal of Sleep Research, 5, 16–20.

Dement, W. C. (1960): The effect of dream deprivation. Science, 131, 1705–1707

– (1974): Some must watch while some must sleep. San Francisco: W. H. Freeman.

Dement, W. C., Kahn, E., Roffwarg, H. P. (1965): The influence of the laboratory situation on the dreams of the experimental subject. Journal of Nervous and Mental Disease, 140, 119–131

–, Kleitman, N. (1957): The relation of eye movements during sleep to dream activity. Journal of Experimental Psychology, 53, 339–346

–, Wolpert, E. A. (1958): The relation of eye movements, body motility and external stimuli to dream content. Journal of Experimental Psychology, 44, 543–553

Domhoff, B., Kamiya, J. (1964): Problems in dream content study with objective indicators: II. Appearance of experimental situation in laboratory dream narratives. Archives of General Psychiatry, 11, 525–528

Domhoff, G. W. (1996): Finding meaning in dreams: A quantitative approach. New York: Plenum

Draijer, N. (1990): Die Rolle von sexuellem Mißbrauch und körperlicher Mißhandlung in der Ätiologie psychischer Störungen bei Frauen. System Familie, 3, 59–73

Dunn, K. K., Barrett, D. (1988): Characteristics of nightmare subjects and their nightmares. Psychiatric Journal of the University of Ottawa, 13, 91–93

Eagly, A. H. (1987): Sex differences in social behavior. Hillsdale: Erlbaum

Ekstrand, B. R., Barrett, T. B., West, J. N., Maier, W. G. (1977): The effect of sleep on human long-term memory. In: R. R. Drucker-Collin, J. L. McGaugh (Hrsg.): Neurobiology of sleep. New York: Academic Press, 419-438

Ellman, S. J., Spielman, A. J., Luck, D., Steiner, S. S., Halperin, R. (1991): REM deprivation: A review. In: S. J. Ellman, J. S. Antrobus (Hrsg.): The mind in sleep. New York: John Wiley, 327-376

Englehart, R. J., Hale, D. B. (1990): Punishment, nail-biting and nightmares: a cross-cultural study. Journal of Multicultural Counseling and Development, 18, 126–132

Erlacher, D. (2005): Motorisches Lernen im luziden Traum: Phänomenologische und experimentelle Betrachtungen. Universität Heidelberg: Dissertation. http://www.ub.uni-heidelberg.de/archiv/5896/

–, **Schredl, M., LaBerge, S. (2003):** Motor area activation during dreamed hand clenching: a pilot study on EEG alpha band. Sleep and Hypnosis, 5, 182–187

Etevenon, P., Guillou, S. (1986): EEG cartograhphy of a night of sleep and dreams: a longitudinal study with provoked awakenings. Neuropsychobiology, 16, 146–151

Evans-Wentz, W. Y. (1958): Tibetan yoga and secret doctrines (1935). London: Oxford University Press

Fahrion, S. L. (1967): The relationship of heart rate and dream content in heart-rate responders. Dissertation Abstracts, 27(9-B), 3307

Feingold, A. (1994): Gender differences in personality: A meta-analysis. Psychological Bulletin, 116, 429–456

Ferenczi, S. (1911 / 12): Über lenkbare Träume. Zentralblatt für Psychoanalyse, 2, 31–32

Firth, H., Oswald, I. (1975): Eye movements and visually active dreams. Psychophysiology, 12, 602–606

Fischer, C. (1978): Der Traum in der Psychotherapie: Ein Vergleich Freudscher und Jungscher Patiententräume. München: Minerva Publikation.

Fisher, C. (1966): Dreaming and sexuality. In: R. M. Loewenstein (Hrsg.): Psychoanalysis – a general psychology. New York: International Universities Press, 537–569

–, **Byrne, J., Edwards, A., Kahn, E. (1970):** A psychophysiological study of nightmares. Journal of the American Psychoanalytic Association, 1–8, 747–782

–, **Gross, J., Zuch, J. (1965):** Cycle of penile erection synchronous with dreaming (REM) sleep. Archives of General Psychiatry, 12, 29–45

Flanagan, O. (1996): Hirnforschung und Träume: Geistestätigkeit und Selbstausdruck im Schlaf. In: T. Metzinger (Hrsg.): Bewußtsein: Beiträge aus der Gegenwartsphilosophie. Paderborn: Ferndinand Schöningh, 491–521

Foulkes, D. (1962): Dream reports from different stages of sleep. Journal of Abnormal and Social Psychology, 65, 14–25

–, **Fleisher, S. (1975):** Mental activity in relaxed wakefulness. Journal of Abnormal Psychology, 84, 66–75

–, **Rechtschaffen, A. (1964):** Presleep determinants of dream content. Perceptual and Motor Skills, 19, 983–1005

–, **Sullivan, B., Kerr, N. H., Brown, L. (1988):** Appropriateness of dream feelings to dreamed situations. Cognition and Emotion, 2, 29–39

Franke, H. (1979): Über das physiologische und pathologische Schlaf- und Wachverhalten von Betagten. Zeitschrift für Gerontologie, 12, 187–194

Freud, S. (1987): Die Traumdeutung (1900). Frankfurt: Fischer Taschenbuch.

Fukuma, E. (1969): A study of dreams by using „REMP-awakening technique". Psychiatria et Neurologia Japonica, 71, 1026–1027

Gackenbach, J. (1988): The psychological content of lucid versus nonlucid dreams. In: J. Gackenbach, S. LaBerge (Hrsg.): Conscious mind, sleeping brain. New York: Plenum 181–220

Gais, S., Born, J. (2004): Low acetylcholine during slow-wave sleep is critical for declarative memory consolidation. Proceedings of the National Academy of Sciences, 101, 2140–2144

Gardner, R., Grossman, W., Roffwarg, H. P., Weiner, H. (1975): The relationship of small limb movements during REM sleep to dreamed limb action. Psychosomatic Medicine, 37, 147–159

Garfield, P. L. (1980): Kreativ träumen. München: Knaur

– **(1987):** Nightmares in the sexually abused female teenager. Psychiatric Journal of the University of Ottawa, 12, 93–97

Giambra, L. M., Jung, R. E., Grodsky, A. (1996): Age changes in dream recall in adulthood. Dreaming, 6, 17–31

Giguere, B., LaBerge, S. (1996): To touch a dream: An experiment in touch, pain, and pleasure (abstract). Paper presented at the Thirteenth International Conference of the Association for the Study of Dreams, July 9–13. Berkeley

Goodenough, D. R., Shapiro, A., Holden, M., Steinschriber, L. (1959): A comparison of „dreamers" and „nondreamers". Journal of Abnormal and Social Psychology, 59, 295–302

–**, Witkin, H. A., Koulack, D., Cohen, H. (1975):** The effects of stress films on dream affect and on respiration and eye movement activity during rapid-eye-movement sleep. Psychophysiology, 12, 313–320

Grossman, W. I., Gardner, R., Roffwarg, H. P., Fekek, A. F., Beers, L., Weiner, H. (1972): Relation of dreamed to actual movement. Psychophysiology, 9, 118–119

Hall, C. S. (1967): Representation of the laboratory setting in dreams. Journal of Nervous and Mental Disease, 144, 198–206

– **(1984):** „A ubiquitous sex difference in dreams" revisited. Journal of Personality and Social Psychology, 46, 1109–1117

–, Domhoff, G. W., Blick, K. A., Weesner, K. E. (1982): The dreams of college men and women in 1959 and 1980: A comparison of dream contents and sex differences. Sleep, 5, 188–194

–, Van de Castle, R. L. (1966): The content analysis of dream. New York: Appleton-Century-Crofts

Halliday, G. (1992): Effect of encouragement on dream recall. Dreaming, 2, 39–44

Hartmann, E. (1984): The nightmare. New York: Basic Books.

– **(1991):** Boundaries in the mind. New York: Basic Books

– **(2000):** We do not dream of the 3 R's: implications for the nature of dream mentation. Dreaming, 10, 103–110

Hauri, P. (1970): Evening activity, sleep mentation and subjective sleep quality. Journal of Abnormal Psychology, 76, 270–275

–, Van de Castle, R. L. (1973). Psychophysiological parallels in dreams. Psychosomatic Medicine, 35, 297–308

Hearne, K. M. (1978): Lucid dreams: an electrophysiological and psychological study. University of Liverpool: Doctoral dissertation

– **(1983a):** Features of lucid dreams: questionnaire data and content analyses. Journal of Lucid Dream Research, 1, 3–20

– **(1983b):** Lucid dream induction. Journal of Mental Imagery, 7, 19–23
– **(1991):** A questionnaire and personality study of nightmare sufferers. Journal of Mental Imagery, 15(3-4), 55–64
Heaton, K. J., Hill, C. E., Petersen, D. A., Rochlen, A. B., Zack, J. S. (1998): A comparison of therapist-facilitated and self-guided dream interpretation sessions. Journal of Counseling Psychology, 45, 115–122
Herman, J. H., Erman, M., Boys, R., Preiser, L., Taylor, M. E., Roffwarg, H. P. (1984): Evidence for a directional correspondence between eye movements and dream imagery in REM sleep. Sleep, 7, 52–63
Hill, C. E. (1996): Working with dreams in psychotherapy. New York: Guilford Press
– **(2004):** Dream work in therapy: facilitating exploration, insight, and action. Washington: American Psychological Association
–, **Diemer, R. A., Heaton, K. J. (1997).** Dream interpretation sessions: who volunteers, who benefits, and what volunteer clients view as most and least helpful. Journal of Counseling Psychology, 44, 53–62
–, **Diemer, R., Hess, S., Hillyer, A., Seeman, R. (1993):** Are the effects of dream interpretation on session quality, insight and emotion due to the dream itself, to projection or to the interpretation process? Dreaming, 3, 269–280
–, **Nakayama, E. Y., & Wonnell, T. L. (1998).** The effects of description, association, or combined description / association in exploring dream images. Dreaming, 8, 1–13.
Hobson, J. A., Goldfrank, F., Snyder, F. (1965): Respiration and mental activity in sleep. Journal of Psychiatric Research, 3, 79–90
–, **Hoffman, S. A., Helfand, R., Kostner, D. (1987):** Dream bizarreness and the activation-synthesis hypothesis. Human Neurobiology, 6, 157–164
–, **McCarley, R. W. (1977):** The brain as a dream state generator: an activation-synthesis hypothesis of the dream process. Americal Journal of Psychiatry, 134, 1335–1348
–, **Stickgold, R. (1995):** The conscious state paradigm: a neurocognitive approach to waking, sleeping, and dreaming. In: M. S. Gazzaniga (Hrsg.): The cognitive neurosciences. Cambridge: MIT Press, 1373–1388
Hoelscher, T. J., Klinger, E., Barta, S. G. (1981): Incorporation of concern- and nonconcern-related verbal stimuli into dream content. Journal of Abnormal Psychology, 90, 88–91
Holen, A. (1990): A long-term outcome study of survivors from a disaster – The Alexander L. Kielland disaster in perspective. University of Oslo: Dissertation.
Hong, C. C., Jin, Y., Potkin, S., Buchsbaum, M., Wu, J., Callagham, G., Nudleman, K., Gillin, J. C. (1996): Language in dreaming and regional EEG alpha power. Sleep, 19, 232–235
–, **Potkin, S. G., Antrobus, J. S., Dow, B. M., Callaghan, G. M., Gillin, J. C. (1997).** REM sleep eye movement counts correlate with visual imagery in dreaming: a pilot study. Psychophysiology, 34, 377–381
Hublin, C., Kaprio, J., Partinen, M., Koskenvuo, M. (1999): Nightmares: familial aggregation and association with psychiatric disorders in a nationwide twin cohort. American Journal of Medical Genetics (Neuropsychiatric Genetics), 88, 329–336

Jacobs, L., Feldman, M., Bender, M. (1972): Are eye movements of dreaming sleep are related to the visual images of the dreams? Psychophysiology, 9, 393–401

Janson, C., Gislason, T., De Backer, W., Plaschke, P., Björnsson, E., Hetta, J., Kristbjarnason, H. (1995): Prevalence of sleep disturbances among young adults in three European countries. Sleep, 18, 589–597

Jouvet, M. (1994): Die Nachtseite des Bewußtseins - Warum wir träumen. Reinbek: Rowohlt

Jovanovic, U. J. (1967): Über den Traumbeginn. In: F. Merz (Hrsg.): Bericht über den 25. Kongress der deutschen Gesellschaft für Psychologie. Göttingen: Hogrefe, 557–562

Jung, C. G. (1979): Allgemeine Gesichtspunkte zur Psychologie des Traumes. In: Gesammelte Werke – Band 8: Die Dynamik des Unbewußten. Olten: Walter, 268–308

Kahn, E., Dement, W., Fisher, C., Barmack, J. E. (1962): Incidence of color in immediately recalled dreams. Science, 137, 1054–1055

Kales, A., Soldatos, C. R., Caldwell, A., Charney, D., Kales, J. D., Markel, D., Cadieux, R. (1980): Nightmares. American Journal of Psychiatry, 137, 1197–1201

Koukkou, M., Lehmann, D. (1980): Psychophysiologie des Träumens und der Neurosentherapie: Das Zustands-Wechsel-Modell. Fortschritte der Psychiatrie, Neurologie, 48, 324–350

Koulack, D. (1969). Effects of somatosensory stimulation on dream content. Archives of General Psychiatry, 20, 718–725

Koulack, D., Goodenough, D. R. (1976): Dream recall and dream recall failure: an arousal-retrievel model. Psychological Bulletin, 83, 975–984

–, Nesca, M. (1992): Sleep parameters of type A and B scoring college students. Perceptual and Motor Skills, 74, 723–726

Krakow, B., Hollifield, M., Johnston, L., Koss, M., Schrader, R., Warner, T., Tandberg, D., Lauriello, J., McBride, L., Cutchen, L., Cheng, D. (2001a): Imagery rehearsal therapy for chronic nightmares in sexual assault survivors with posttraumatic stress disorder: a randomized controlled trial. Journal of the American Medical Association, 286, 537–545

–, Kellner, R., Pathak, D., Lambert, L. (1995b): Imagery rehearsal treatment for chronic nightmares. Behavior Research and Therapy, 33, 837–843

–, Neidhardt, J. (1995): Alpträume erfolgreich behandeln. Niedernhausen: Falken

–, Sandoval, D., Schrader, R., Keuhne, B., McBride, L., Yau, C. L., Tandberg, D. (2001b): Treatment of chronic nightmares in adjudicated adolescent girls in a residental facility. Journal of Adolescent Health, 29, 94–100

–, Tandberg, D., Barey, M., Scriggins, L. (1995a): Nightmares and sleep disturbance in sexually assaulted women. Dreaming, 5, 199–206

–, Zadra, A. (2006): Clinical Management of Chronic Nightmares: Imagery Rehearsal Therapy. Behavioral Sleep Medicine, 4, 45–70

Kramer, M. (1991): The nightmare: a failure in dream function. Dreaming, 1, 277–285

– (1993): The selective mood regulatory function of dreaming: an update and revision. In A. Moffitt, M. Kramer, R. Hoffmann (Hrsg.): The functions of dreaming. Albany: State University of New York Press, 139–195

– **(2007):** The dream experience: a systematic exploration. New York: Routledge

–, **Roth, T., Trinder, J. (1975):** Dreams and dementia: a laboratory exploration of dream recall and dream content in chronic brain syndrome patients. International Journal of Aging and Human Development, 6, 169–178

Kuiken, D., Sikora, S. (1993): The impact of dreams on waking thoughts and feelings. In: A. Moffitt, M. Kramer, R. Hoffmann (Hrsg.): The functions of dreaming. Albany: State University of New York Press, 419–476

LaBerge, S. P. (1979): Lucid dreaming: Some personal observation. Sleep Research, 8, 158

– **(1980):** Lucid dreaming: An exploratory study of consciousness during sleep. Stanford University: Doctoral dissertation.

– **(1987):** Hellwach im Traum (Org.: Lucid dreaming 1985). Paderborn: Junfermann-Verlag

–, **Levitan, L. (1995):** Validity established of dreamlight cues for eliciting lucid dreaming. Dreaming, 5, 159–168

–, **Rheingold, H. (1990):** Exploring the world of lucid dreaming. New York: Ballentine Books

Ladd, G. T. (1892): Contibution to the psychology of visual dreams. Mind, 1, 299–304

Lauer, C., Riemann, D., Lund, R., Berger, M. (1987): Shortened REM latency: a consequence of psychological strain? Psychophysiology, 24, 263–271

Leslie, K., Ogilvie, R. (1996): Vestibular dreams: the effect of rocking on dream mentation. Dreaming, 6, 1–16

Levin, R. (1994): Sleep and dream characteristics of frequent nightmare subjects in a universitary population. Dreaming, 4, 127–137

–, **Fireman, G. (2002):** Nightmare prevalence, nightmare distress, and self-reported psychological disturbance. Sleep, 25, 205–212

Levitan, L. (1989): A comparison of three methods of lucid dream induction. NightLight: Lucitity Institute Newsletter, 1(3), 3, 9–12

Lortie-Lussier, M., Simond, S., Rinfret, N., de Koninck, J. (1992): Beyond sex differences: familiy and occupational roles' impact on women's and men's dreams. Sex Roles, 26, 79–96

Maury, A. (1861) : Le sommeil et les reves. Paris: Didier

McCarley, R. W., Hoffman, E. (1981): REM sleep dreams and the activation-synthesis hypothesis. American Journal of Psychiatry, 138, 904–912

Meier, B. (1993): Speech and thinking in dream. In: C. Cavallero, D. Foulkes (Hrsg.): Dreaming as cognition. London: Harvester Wheatsheaf, 58–76

Meumann, E. (1909): Über Lesen und Schreiben im Traume. Archiv für die Gesamte Psychologie, 15, 380–400

Miller, W. R., DiPilato, M. (1983): Treatment of nightmares via relaxation and desensitization: A controlled evaluation. Journal of Consulting and Clinical psychiatry, 51, 870–877

Moers-Messmer, H. von (1939): Träume mit der gleichzeitigen Erkenntnis des Traumzustandes. Archiv für die Gesamte Psychologie, 102, 291–318

Moffitt, A., Kramer, M., Hoffmann, R. (Hrsg.): The functions of dreaming. Albany: State University of New York Press.

Nielsen, T. A. (1993): Changes in the kinestetic content of dreams following somatosensory stimulation of leg muscles during REM sleep. Dreaming, 3, 99–113

– **(2000):** A review of mentation in REM and NREM sleep: „covert" REM sleep as a possible reconcilation of two opposing models. Behavioral and Brain Sciences, 23, 851–866

–, **Germain, A. (1998):** Publication patterns in dream research: trends in the medical and psychological literatures. Dreaming, 8, 47–58

–, **McGregor, D. L., Zadra, A., Ilnicki, D., Ouellet, L. (1993):** Pain in dreams. Sleep, 16, 490–498

Norbu, N. (1994): Traum-Yoga: Der tibetische Weg zur Klarheit und Selbsterkenntnis. Bern: Otto Wilhelm Barth Verlag

Ohayon, M., Morselli, P., Guilleminault, C. (1997): Prevalence of nightmares and their relationship to psychopathology and daytime functioning in insomnia subjects. Sleep, 20, 340–348

Oliver, M. B., Hyde, J. S. (1993): Gender diffenences in sexuality: a meta-analysis. Psychological Bulletin, 114, 29–51

Perlis, M. L., Nielsen, T. A. (1993): Mood regulation, dreaming and nightmares: evaluation of a desensitization function for REM sleep. Dreaming, 3, 243–257

Piccione, P., Thomas, S., Roth, Th., Kramer, M. (1976): Incorporation of the laboratory situation in dreams. Sleep Research, 5, 120

Plihal, W., Born, J. (1997): Effects of early and late nocturnal sleep on de-clarative and procedural memory. Journal of Cognitive Neuroscience, 9, 534–547

Proksch, K., Schredl, M. (1999): The impact of parental divorce on children's dreams. Journal of Divorce & Remarriage, 30, 71–82

Rechtschaffen, A., Foulkes, D. (1965): Effect of visual stimuli content. Perceptual and Motor Skills, 20, 1149–1160

Redfering, D. L., Keller, J. N. (1974): Influence of differential instruction on the frequency of dream recall. Journal of Clinical Psychology, 30, 268–271

Reed, H. (1978): Meditation and lucid dreaming: a statistical relationship. Sundance Community Dream Journal, 2, 237–238

Revonsuo, A. (2000): The reinterpretation of dreams: an evolutionary hypothesis of the function of dreaming. Behavioral and Brain Sciences, 23, 877–901

Roffwarg, H. P., Dement, W. C., Muzio, J. N., Fisher, C. (1962): Dream imagery: relationship to rapid eye movements of sleep. Archives of General Psychiatry, 7, 235–258

Rose, M. W., Perlis, M. L., Kaszniak, A. W. (1992): Self-reported dream emotion: nightmares and vivid dreams. Sleep Research, 21, 132

Ross, J. S., Shua-Haim, J. R. (1998): Aricept-induced nightmares in Alzheimer's disease: Two case reports. Journal of the American Geriatrics Society, 46, 119–120

Roussy, F., Camirand, C., Foulkes, D., De Koninck, J., Loftis, M., Kerr, N. H. (1996): Does early-night REM dream content reliably reflect presleep state of mind? Dreaming, 6, 121–130

Roussy, F., Raymond, I., Gonthier, I., Grenier, J., De Koninck, J. (1998): Temporal references in manifest dream content: confirmation of increased remoteness as the night progresses. Sleep Supplement, 21, 285

Salvio, M. A., Wood, J. M., Schwartz, J., Eichling, P. S. (1992): Nightmare prevalence in the healthy elderly. Psychology and Aging, 7, 324–325

Saint-Denys, H. de (1982): Dreams and how to guide them (1867): London: Duckworth

Schenck, C. H., Scott, R., Ettinger, M. G., Mahowald, M. W. (1986): Chronic behavioral disorders of human REM sleep: a new category of parasomnia. Sleep, 9, 293–308

Schonbar, R. A. (1965): Differential dream recall frequency as a component of „life style". Journal of Consulting Psychology, 29, 468–474

Schredl, M. (1995a): Traumerinnerung: Persönlichkeitsdimension oder von situativen Faktoren beeinflusst? Psychologische Beiträge, 37, 133–180

– **(1995b):** Creativity and dream recall. Journal of Creative Behavior, 29, 16–24

– **(1995c):** Traumerinnerung bei depressiven Patienten. Psychotherapie, Psychosomatik und Medizinische Psychologie, 45, 414–417

– **(1998a):** Träume und Schlafstörungen: Empirische Studie zur Traumerinnerungshäufigkeit und zum Trauminhalt von schlafgestörten PatientInnen. Marburg: Tectum

– **(1998b):** The stability and variability of dream content. Perceptual and Motor Skills, 86, 733–734

– **(1999):** Die nächtliche Traumwelt: Einführung in die psychologische Traumforschung. Stuttgart: Kohlhammer

– **(2000):** Continuity between waking life and dreaming: are all waking activities reflected equally often in dreams? Perceptual and Motor Skills, 90, 844–846

– **(2001):** Dreams of singles: Effects of waking-life social contacts on dream content. Personality and Individual Differences, 31, 269–275

– **(2002):** Questionnaires and diaries as research instruments in dream research: methodological issues. Dreaming, 12, 17–26.

– **(2003a):** Continuity between waking and dreaming: A proposal for a mathematical model. Sleep and Hypnosis, 5, 38–52

– **(2003b):** Effects of state and trait factors on nightmare frequency. European Archives of Psychiatry and Clinical Neuroscience, 253, 241–247

– **(2004):** Reliability and stability of a dream recall frequency scale. Perceptual and Motor Skills, 98, 1422–1426

– **(2006):** Behandlung von Alpträumen. Praxis der Kinderpsychologie und Kinderpsychiatrie, 55, 132–140

– **(2007):** Träume – Die Wissenschaft entschlüsselt unser nächtliches Kopfkino. Berlin: Ullstein.

–, **Bohusch, C., Mader, A. & Somesan, A. (2000):** The use of dreams in psychotherapy: a survey of psychotherapists in private practice. Journal of Psychotherapy: Practice and Research, 9, 81–87

–, **Burchert, N., Grabatin, Y. (2004):** The effect of training on interrater reliability in dream content analysis. Sleep and Hypnosis, 6, 139–144

–, **Ciric, P., Bishop, A., Gölitz, E., Buschtöns, D. (2003b):** Content analysis of German students' dreams: comparison to American findings. Dreaming, 13, 237–243

–, **Doll, E. (1998):** Emotions in diary dreams. Consciousness and Cognition, 7, 634–646

–, **Engelhardt, H. (2001):** Dreaming and psychopathology: Dream recall and dream content of psychiatric inpatients. Sleep and Hypnosis, 3, 44–54

–, **Erlacher, D. (2003):** The Problem of Dream Content Analysis Validity as Shown by a Bizarreness Scale. Sleep and Hypnosis, 5, 129–135

–, – **(2007):** Self-reported effects of dreams on waking-life creativity: An empirical study. Journal of Psychology, 141, 35–46

–, **Fulda, S. (2005a):** Reliability and stability of dream recall frequency. Dreaming, 15, 240–244

–, – **(2005b):** Dream recall and sleep duration: state or trait factor. Perceptual and Motor Skills, 101, 613–616

–, **Hofmann, F. (2003):** Continuity between waking activities and dream activities. Consciousness and Cognition, 12, 298–308

–, **Jacob, S. (1998):** Ratio of male and female characters in a dream series. Perceptual and Motor Skills, 86, 198–200

–, **Kleinferchner, P., Gell, T. (1996):** Dreaming and personality: thick vs. thin boundaries. Dreaming, 6, 219–223

–, **Loßnitzer, T., Vetter, S. (1998):** Is the ratio of male and female dream characters related to the waking-life pattern of social contacts? Perceptual and Motor Skills, 87, 513–514

–, **Montasser, A. (1996-97):** Dream recall: State or trait variable? – Part I: model, theories, methodology and trait factors. Part II: state factors, investigations and final conclusions. Imagination, Cognition and Personality, 16, 181–210, 239–261

–, **Morlock, M., Bozzer, A. (1996):** Kindheitserinnerungen und Träume Erwachsener. Zeitschrift für Psychosomatische Medizin und Psychoanalyse, 42, 25–33

–, **Pallmer, R., Montasser, A. (1996):** Anxiety dreams in school-aged children. Dreaming, 6, 265–270

–, – **(1997):** Alpträume bei Kindern. Praxis der Kinderpsychologie und Kinderpsychiatrie, 46, 36–56

–, – **(1998):** Geschlechtsunterschiede in Angstträumen von SchülerInnen. Praxis der Kinderpsychologie und Kinderpsychiatrie, 47, 463–476

–, **Piel, E. (2005):** Gender differences in dreaming: Are they stable over time? Personality and Individual Differences, 39, 309–316

–, – **(2006):** War-related dream themes in Germany from 1956 to 2000. Political Psychology, 27, 299–307

–, **Sahin, V., Schäfer, G. (1998):** Gender differences in dreams: Do they reflect gender differences in waking-life? Personality and Individual Differences, 25, 433–442

–, **Schäfer, G., Hofmann, F., Jacob, S. (1999):** Dream content and personality: thick vs. thin boundaries. Dreaming, 9, 257–263
–, **Schmitt, J., Hein, G., Schmoll, T., Eller, S., Haaf J. (2006):** Nightmares and oxygen desaturations: is sleep apnea related to heightened nightmare frequency? Sleep and Breathing, 10, 203–209
–, **Schwenger, C., Dehe, A. (2004):** Gender differences in dreams: a matching study. Counseling and Clinical Psychology Journal, 1, 61–67
–, **Wittmann, L., Ciric, P., Götz, S. (2003a):** Factors of home dream recall: a structural equation model. Journal of Sleep Research, 12, 133–141
Schwitzgebel, E. (2002): Why did we think we dreamed in black and white? Studies in History and Philosophy of Science, 33, 649–660
– **(2003):** Do people still report dreaming in black and white? An attempt to replicate a questionnaire from 1942. Perceptual and Motor Skills, 96, 25–29
Smith, M. E., & Hall, C. S. (1964): An investigation of regression in a long dream series. Journals of Gerontology, 19, 66–71
Snyder, F. (1970): The phenomenlogy of dreaming. In: L. Madow & L. Snow (Hrsg.): The psychodynamic implications of the physiological studies on dreams. Springfield: Charles C. Thomas, 124-151
Solms, M. (1997): The neuropsychology of dreams. Mahwah: Lawrence Erlbaum
Soper, B., Rosenthal, G. T., Milford, G. E. (1994): Gender differences in dream perspectives. Psychological Reports, 74, 311–314
Spoormaker, V. I., Van den Bout, J. (2006): Lucid dreaming treatment for nightmares: a pilot study. Psychotherapy and Psychosomatics, 75, 389–394
Stegie, R., Baust, W., Engel, R. R. (1975): Psychophysiological correlates in dreams. In: Sleep 1974. Basel: Karger, 409–412
Stepansky, R., Holzinger, B., Schmeiser-Rieder, A., Saletu, B., Kunze, M., Zeitlhofer, J. (1998): Austrian dream behavior: results of a representative population survey. Dreaming, 8, 23–30
Stern, D. A., Saayman, G. S., Touyz, S. W. (1978): A methodological study of the effect of experimentally induced demand characterictics in research of nocturnal dreams. Journal of Abnormal Psychology, 87, 459–462
Strauch, I. (1965): Der Einfluß der Versuchssituation auf experimentell kontrollierte Träume. Bericht über den 14. Kongreß der Deutschen Gesellschaft für Psychologie, 270–274
Strauch, I., Meier, B. (1992): Den Träumen auf der Spur – Ergebnisse der experimentellen Traumforschung. Bern: Huber
– **(2004):** Dem Traum auf der Spur: Zugang zur modernen Traumforschung (2. Auflage). Bern: Hans Huber.
Tassi, P., Muzet, A. (2000): Sleep inertia. Sleep Medicine Reviews, 4, 341–353
Terr, L. C. (1981): Psychic trauma in children: Observations following the Chowchilla school bus kidnapping. American Journal of Psychiatry, 138, 14–19
Tholey, P. (1988): A model for lucidity training as a means of self-healing and psychological growth. In: J. Gackenbach, S. LaBerge (Hrsg.): Conscious mind, sleeping brain. New York: Plenum, 263–287

Tholey, P., Utecht, K. (1997): Schöpferisch träumen – Der Klartraum als Lebenshilfe. Niedernhausen: Klotz

Trotter, K., Dallas, K., Verdone, P. (1988): Olfactory stimuli and their effects on REM dreams. Psychiatric Journal of the University of Ottawa, 13, 94–96

Van de Castle, R. L. (1994) : Our dreaming mind. New York: Ballentine

Van Eeden, F. (1913): A study of dreams. Proceedings of the Society for Psychical Research, 26, 431–461

Varela, F. J. (1997): Sleeping, dreaming, and dying: an exploration of consciousness with the Dalai Lama. Boston: Wisdom Publications

Verdone, P. (1965): Temporal reference of manifest dream content. Perceptual and Motor Skills, 20, 1253–1268

Walker, M. P. (2005): A refined model of sleep and the time course of memory formation. Behavioral and Brain Sciences, 28, 51–64

Wehrle, R., Czisch, M., Kaufmann, C., Wetter, T. C., Holsboer, F., Auer, D. P., Pollmächer, T. (2005): Rapid eye movement-related brain activation in human sleep: a functional magnetic resonance imaging study. NeuroReport, 16, 853–857

Weisz, R., Foulkes, D. (1970): Home and laboratory dreams collected under uniform sampling conditions. Psychophysiology, 6, 588–596

Weygandt, W. (1893): Entstehung der Träume. Leipzig: Grübel & Sommerlatte

Whitman, R. M., Pierce, C. M., Maas, J. W., Baldridge, B. J. (1962): The dreams of the experimental subject. Journal of Mental and Nervous Disease, 134, 431–439

Winget, C., Kramer, M. (1979): Dimensions of dreams. Gainesville: University of Florida Press

Wittmann, L., Schredl, M., Kramer, M. (2007): The role of dreaming in posttraumatic stress disorder. Psychotherapy and Psychosomatics, 76, 25–39

Wolpert, E. A. (1960): Studies in psychophysiology of dreams: II. An electromyographic study of dreaming. Archives of General Psychiatry, 2, 231–241

Wood, J. M., Bootzin, R. R. (1990): The prevalence of nightmares and their independence from anxiety. Journal of Abnormal Psychology, 99, 64–68

–, Bootzin, R. R., Rosenhan, D., Nolen-Hoeksma, S., Jourden, F. (1992): Effects of the 1989 San Francisco earthquake on frequency and content of nightmares. Journal of Abnormal Psychology, 101, 219–224

Wright, J., Koulack, D. (1987): Dreams and contemporary stress: a disruption-avoidance-adaptation model. Sleep, 10, 172–179

Zadra, A. L., Donderi, D. C. (2000): Nightmares and bad dreams: their prevalence and relationship to well-being. Journal of Abnormal Psychology, 109, 273–281

–, –, Pihl, R. O. (1992): Efficacy of lucid dream induction for lucid and non-lucid dreamers. Dreaming, 2, 85–97

–, Nielsen, T. A., Donderi, D. C. (1997): The prevalence of auditory, olfactory, gustatory and pain experiences in 3372 home dreams. Sleep Research, 26, 281

Zane, M. D. (1971): Significance of differing responses among psychoanalysts to the same dream. In: J. H. Masserman (Hrsg.), Dream dynamics. New York: Grune & Stratton, 174–177

Sachregister